So kocht der Norden

Leckeres vom Harz bis an die Nordsee

NDR (Hrsg.)

So kocht der Norden

Leckeres vom Harz bis an die Nordsee

schlütersche

Bibliografische Information Der Deutschen Bibliothek

Die Deutsche Bibliothek verzeichnet diese Publikation in der Deutschen Nationalbibliografie; detaillierte bibliografische Daten sind im Internet über http://dnb.ddb.de abrufbar.

ISBN: 978-3-89993-738-1

Verlag: Schlütersche Verlagsgesellschaft mbH & Co. KG,
      Hans-Böckler-Allee 7, 30173 Hannover

Herausgeber: Norddeutscher Rundfunk, Hamburg

Lizenziert durch Studio Hamburg Distribution & Marketing GmbH

Begleitartikel rund um den NDR finden Sie unter www.ndrshop.de

Koordination: Petra Rönnfeldt, Studio Hamburg Distribution & Marketing GmbH
      Claudia Flöer, Schlütersche Verlagsgesellschaft mbH & Co. KG
      Mark Wachsmann, Schlütersche Verlagsgesellschaft mbH & Co. KG

Autoren: Sabine Steuernagel, Susanne Born, Birgit André
Redaktion: Angelika Lenz
Koch: Jens Olvermann, „Zur Linde", Hankensbüttel
Fotos: Ingo Wandmacher
      außer: Lianem (Seite 18), Lois Kosch (Seite 21), Efinfoto (Seite 22), Robert Lerich (Seite 23),
      sunnyfrog (Seite 46), Elena Elisseeva (Seite 47), JYF (Seite 95), rsester (Seite 106),
      Andrey Yurov (Seite 107)
Gestaltung: Michael Fröhlich, Hannover
Satz- und Lithoarbeiten: PER Medien+Marketing GmbH, Braunschweig
Druck und Bindung: Rasch Druckerei und Verlag GmbH & Co. KG, Bramsche

Inhalt

Vorwort

„Das schmeckt gut!" Ein Kompliment, das so oder ähnlich immer wieder in norddeutschen Küchen zu hören ist. Denn die Köche und Köchinnen des Nordens und ihre Rezepte können sich sehen – und Letztere vor allem schmecken lassen!

Die NORDTOUR ist bekannt für ausgesuchte Restauranttipps und bringt jeden Samstag um 18 Uhr im NDR-Fernsehen den Zuschauern die bodenständige, originelle oder regionaltypische – aber stets schmackhafte – Küche des Nordens näher. Doch auch die Rezepte unserer Zuschauer oder der vielen kleinen Cafés und Speiselokale, die wir auf unseren Reisen durch den Norden kennengelernt haben, sind es wert, einmal ausprobiert zu werden.

Vom deftigen Eintopf mit heimischem Gemüse über das traditionelle Festtagsmahl und das Lieblingsgericht aus dem Urlaub im sonnigen Süden bis hin zum himmlischen Dessert für Süßschnäbel – unsere Auswahl an Rezepten ist so bunt und vielfältig, dass Sie bestimmt nicht nur eines davon am heimischen Herd ausprobieren möchten.

Denn Kochen und Essen sind nicht nur Zubereitung und Aufnahme von Nahrung – beides verbindet die Familie und bringt Freunde zusammen. Schließlich haben alle Hunger und versammeln sich gern an einem liebevoll gedeckten Tisch. Und bei unseren leckeren Gerichten, die auch weniger erfahrene Köche leicht nachkochen können, stellt sich ein anregendes, fröhliches Tischgespräch ganz von alleine ein. Dabei bitte nicht vergessen: ein Lob für Koch oder Köchin!

Die Rezepte in diesem Buch sind, sofern nicht anders angegeben, für vier Personen berechnet. Für ein romantisches Candle-Light-Dinner zu zweit nimmt man einfach die Hälfte der angegebenen Mengen. Und damit die Gesprächsthemen bei Tisch nie ausgehen, finden Sie im Anschluss an jedes Rezept ein paar interessante Details und Geschichten rund um eine der verwendeten Zutaten – Futter für Magen und Hirn gleichermaßen.

Das Team der NORDTOUR wünscht Ihnen entspannte Stunden am Herd und bei Tisch mit viel Fröhlichkeit, traumhaften Aromen, netten Gesprächen und liebenswerten Gästen!

Ihre
Sabine Steuernagel
Redaktionsleiterin NORDTOUR

Hagebuttencremesuppe mit Sellerie

Ein Rezept von:

Ulrike Säger
Heinz Sielmann Stiftung
c/o Heinz Sielmann
Natur-Erlebniszentrum
Gut Herbigshagen
37115 Duderstadt
Telefon 05527 914144

- 2 EL Kürbiskerne
- 250 g Hagebutten
- 50 g Schalotten
- 200 g Knollensellerie
- 10 g Butter
- 500 ml Gemüsebrühe
- 100 ml Apfelsaft
- Meersalz, frisch gemahlener Pfeffer
- Koriander
- etwas Honig
- frisch geriebener Muskat
- Zitronensaft
- 100 g Sahne
- 3 TL Meerrettich (nach Belieben; möglichst frisch gerieben)

1 Die Kürbiskerne in einer Pfanne leicht rösten, anschließend grob hacken. Die Hagebutten längs halbieren und Kerne sowie Härchen entfernen.

2 Die Schalotten sehr fein und den Sellerie grob würfeln, beides in der Butter anschwitzen und anschließend mit Gemüsebrühe und Apfelsaft ablöschen. Die Hagebutten sowie Salz, Pfeffer, Koriander und Honig zugeben. Das Ganze köcheln lassen, bis alle Zutaten weich sind, und dann durch ein Sieb passieren. Muskat zufügen und mit Zitronensaft abschmecken.

3 Die Schlagsahne steif schlagen und mit dem Meerrettich (falls gewünscht) mischen. Die Suppe in Teller schöpfen, mit der Sahne beziehungsweise der Sahne-Meerrettich-Mischung garnieren und zum Schluss die Kürbiskerne darüberstreuen.

Juckpulver und Vitaminbombe

An Wald- und Wegesrändern, an Feldrainen und in Parks leuchten sie uns im Herbst entgegen: die orangeroten Scheinfrüchte der wilden Hunds- oder Heckenrose. Diese haben, wie früher jedes Kind wusste, eine ganz besondere Eigenschaft: Sie jucken. Kein Wunder, dass sich Lausejungen gern einen Spaß daraus machten, einander die Kerne samt Borstenhaaren ins Hemd zu streuen. Das war besser als jedes Juckpulver und sorgte während manch einer öden Schulstunde für Erheiterung.

Doch Hagebutten waren auch fester Bestandteil des herbstlichen Speiseplans und wanderten in Form von selbstgemachtem Hagebuttenmus oder -gelee in die Vorratsschränke. Wer meint, man könne die prallen Früchtchen auch kurz entschlossen von der

Hand in den Mund essen, irrt, denn roh sind sie ungenießbar. Zuerst muss man sie von besagten Kernen – die in Wahrheit kleine Nüsschen sind – und den Härchen befreien. Aber dann lassen sich die tollsten Köstlichkeiten daraus zaubern: Man kann sie süß einlegen oder sauer, Essig daraus machen oder eine Sauce, die ähnlich vielseitig wie Tomatensauce zu verwenden ist, damit eine Torte backen oder einen Zwiebelkuchen belegen. Oder man kocht eben Hagebuttenmark oder Marmelade – Marke „Eigener Herd" schmeckt natürlich am besten, doch wer zum Einkochen keine Zeit hat, findet die Produkte heutzutage auch im Supermarktregal.

Butzen im Gebüsch

Der Name der Frucht setzt sich aus dem mittelhochdeutschen Wort für dichtes Gebüsch („Hag") und Butzen („Butte") zusammen. Auch die Zusammensetzung der Inhaltsstoffe kann sich sehen lassen: Die kleinen „Waldmännlein" enthalten unter anderem Mineral- und Gerbstoffe, Flavonoide, Vitamin A, B-Vitamine und ganz besonders viel Vitamin C. 100 Gramm frische Früchte liefern je nach Art, Standort und Reifegrad mehrere hundert Milligramm Vitamin C. Im Zweiten Weltkrieg, als es kaum frisches Obst gab, wurde aus den gesunden Früchten Sirup gekocht. Die Vitamin-C-Bombe schlechthin unter den Rosen ist übrigens die Pillnitzer Vitaminrose „Pi Ro 3": 100 Gramm ihrer Hagebutten enthalten sagenhafte 1 000 bis 3 000 Milligramm Vitamin C! In der Naturmedizin schwört man auf frischen Tee aus getrockneten Hagebuttenschalen, mit dem man Erkältungen fernhält, die Immunabwehr puscht

und der Frühjahrsmüdigkeit ein Schnippchen schlägt. Und wer sich morgens einen Esslöffel frisches Hagebuttenmus aufs Frühstücksbrötchen streicht, hat seinen Tagesbedarf an Vitamin C gedeckt. Zitronen sehen dagegen in puncto Vitamingehalt ziemlich alt aus.

Wer kein Interesse an Einkochaktionen hat, schneidet beim Waldspaziergang einfach lange Zweige ab – Vorsicht, die Sträucher können pieken! – und legt sie zu Hause zum Beispiel um einen Terrakottatopf und verbindet die Zweige vorsichtig und möglichst unsichtbar mit Blumendraht, oder stilvoller noch mit Bast. Besonders apart wird diese Dekoration, wenn man zusätzlich die schwarzen Hagebutten der Dünenrose (Bibernell-Rose) auftreiben kann. Und falls von den roten Hagebutten der Hundsrose drei übrig bleiben, sollte man sie, so will es alter Volksglauben, um Weihnachten herum verzehren. Wer das tut, bleibt angeblich von körperlichen Leiden verschont – zumindest so lange, bis ihm jemand Hagebuttenkerne ins Hemd streut.

Blaue Kartoffelsuppe

Ein Rezept von:

Bioland Bauernhof
Karsten Ellenberg
Ebstorfer Straße 1
29576 Barum
Telefon 05806 304
E-Mail kartoffelvielfalt@t-online.de
www.kartoffelvielfalt.de

- 1 kg blaufleischige Kartoffeln
- 2 fein gehackte Zwiebeln
- 150 g fein gewürfelter Schinkenspeck
- etwas Butter zum Braten
- 2 EL Butter
- 550 ml Milch
- 100 g Kräuter-Frischkäse
- Pfeffer, Salz, Muskat
- Petersilie

1 Die Kartoffeln schälen und in Salzwasser kochen.

2 Die Zwiebeln und den Speck mit etwas Butter langsam kross braten.

3 Wenn die Kartoffeln gar sind, das Wasser abgießen und 2 Esslöffel Butter, die Milch und den Frischkäse zufügen. Alles mit dem Kartoffelstampfer stampfen, bis eine dicke Suppe entsteht. Die Zwiebeln und den Speck unterrühren und die Suppe mit den Gewürzen abschmecken.

4 Die Petersilie klein hacken und über die Suppe streuen.

Kartoffel des Jahres 2006:
Ein blauer Schwede

Fast auf den Tag genau 250 Jahre, nachdem Friedrich der Große am 24. März 1756 seine Untertanen im „Kartoffelbefehl" anwies, die tollen Knollen anzubauen, wurde der Blaue Schwede von Niedersachsens Landwirtschaftsministerium zur Kartoffel des Jahres gekürt.

Die Kartoffel, in vielen Teilen Deutschlands sowie in Österreich auch als Erdapfel bekannt, ist eine Nutzpflanze aus der Familie der Nachtschattengewächse (Solanaceae), zu der auch Tomate, Paprika und Tabak gehören. Vermutlich waren unter den ersten Kartoffeln, die vor knapp 500 Jahren nach Europa gelangten, auch einige mit blauem Fleisch dabei.

Für seine Blaue Kartoffelsuppe verwendet Karsten Ellenberg die alte Sorte Blauer Schwede, die auch Blue Congo genannt wird. Sie hat blauviolette bis rosa Blüten und ein blau marmoriertes Fleisch. Sie wird im August reif, ist festkochend und hat einen intensiven, leicht süßlichen Geschmack, der an Esskastanien erinnert. Damit ist sie hervorragend geeignet für Pellkartoffeln, Gratins,

Pommes Frites und Salat. Das Fruchtfleisch behält auch nach dem Kochen seine blaue Farbe. Auch in ihrer Heimat Mittel- und Südamerika werden blaue Kartoffeln vor allem in Bergregionen nach wie vor angebaut.

Essen oder lieber damit färben?

Weit verbreitet ist die Ansicht, dass blaue Lebensmittel unappetitlich aussehen und somit gar nicht schmecken können, was natürlich ein großer Irrtum ist. Schon früher machte man sich Gedanken darüber, wie die blaue Farbe wohl in die Kartoffel kommt, und meist waren die Erklärungen nicht gerade angenehm. Die Leute damals erkannten aber auch, dass die blaue Knolle etwas Gutes hatte: Man konnte damit nämlich Stoffe einfärben. Nur leider war die Pracht nach der ersten Wäsche wieder dahin, denn die Farbe stellte sich als nicht sehr haltbar heraus.

Aber warum ist die Kartoffel eigentlich blau? Dafür ist der Pflanzenfarbstoff Anthozyan verantwortlich. Anthozyan zählt zu den sekundären Pflanzenstoffen, die das Krebsrisiko vermindern, das Augenlicht stärken, Schädigungen am Körpergewebe verhindern und positiv auf das Herz-Kreislauf-System einwirken. Blaue Kartoffeln schmecken also nicht nur lecker, sie sind auch besonders gesund!

Blau-weiße Experimente

Die blaue Farbe lädt geradezu zum Experimentieren ein. So kann man blaue und weiße Kartoffeln zusammen zu Pommes frites verarbeiten, die sich dann „Pommes blau-weiß" nennen. Mit einem Klecks Mayonnaise oben drauf erfreuen die sich vor allem bei Kindern großer Beliebtheit. Oder man brät helle und blaue Sorten mit diversen Kräutern in Olivenöl;

Tipp: Blaue Kartoffelchips
Aus blauen Kartoffeln kann man schnell und einfach Chips herstellen. Dazu dünne Kartoffelscheiben – am besten der Sorte Blauer Schwede – in der Pfanne in heißem Sonnenblumenöl ausbacken. Danach auf Küchenkrepp überschüssiges Fett abtropfen lassen und etwas Fleur de Sel oder anderes Meersalz daraufstreuen. Das schmeckt sehr lecker und ist ein echter Hingucker! Die Methode funktioniert aber auch mit „normalen" Kartoffeln.

allein der Anblick dieser bunten Kartoffelpfanne macht richtig Appetit.

Während man früher noch extra nach Frankreich reisen musste, um an die „Blauen" zu kommen, findet man sie heute in gut sortierten Supermärkten, auf dem Bauernmarkt und in (Bio-)Hofläden. Und damit auch wirklich keiner auf die alte Sorte verzichten muss, kann man sie, wenn alle Stricke reißen, sogar im Internet bestellen.

Curry-Rosenkohlsuppe mit Zimt-Sahne

Ein Rezept von:

Elke Grimpe
gourmetrea – gute ernährung leben
Wattenbergstraße 28
21075 Hamburg
Telefon 040 85401409
E-Mail egrimpe@gourmetrea.de
www.gourmetrea.de

- 400 g Rosenkohl
- 200 g Kartoffeln
- 1 Zwiebel, mittelgroß
- 1 EL Öl
- 2 EL Curry
- 1 l Gemüsebrühe
- Salz, Pfeffer
- 1 TL Honig
- 1 EL Zitronensaft
- 1 TL Zimt
- 4 EL saure Sahne

1 Den Rosenkohl putzen und waschen, große Röschen halbieren. Die Kartoffeln schälen, waschen und in Würfel schneiden. Die Zwiebel putzen und grob in Würfel schneiden.

2 Das Öl in einem Topf erhitzen, die Zwiebelwürfel zufügen, Curry darüberstreuen und andünsten.

3 Mit Gemüsebrühe ablöschen, dann Rosenkohl und Kartoffelwürfel zufügen. Mit Salz, Honig und Pfeffer würzen, aufkochen und 10–15 Minuten köcheln lassen.

4 Die Suppe pürieren. Falls sie zu fest ist, noch Wasser hinzufügen. Mit Zitronensaft und Gewürzen abschmecken.

5 Zimt und saure Sahne verrühren. Vor dem Servieren die Suppe in Teller schöpfen und mit je einem Esslöffel Sahne garnieren.

Röschen zum Essen und zum Schlecken: Rosenkohl

Quizfrage: Warum nennt man Rosenkohl auch Brüsseler Sprossen? Richtige Antwort: Weil er zum ersten Mal in der Nähe von Brüssel gezüchtet wurde. Das war im ausgehenden 19. Jahrhundert, und von Belgien aus verbreiteten sich die kleinen Kohlköpfchen, die an bis zu einem Meter hohen Strünken wachsen, über ganz Europa.

Mittlerweile wird die beliebte Züchtung in vielen Ländern angebaut, unter anderem in den Niederlanden, Frankreich und Deutschland. Als typisches Wintergemüse ist Rosenkohl am besten, wenn die ersten Winterfröste über ihn hinweggegangen sind. Dann nämlich wird ein Teil seiner Stärke in Zucker umgewandelt und die Mini-Kohlköpfchen entfalten ihren feinen, süßlichen Geschmack und werden butterzart.

Die Röschen schmecken herb, nussig und leicht bitter und sind die idealen Begleiter von Fleisch, Geflügel, Lamm und Wild. Auch in deftigen Eintöpfen, Suppen und – besonders raffiniert – als Salat haben sie ihren großen Auftritt. Vor dem Garen schneidet man den Strunk ab, entfernt die äußeren Blätter und ritzt den Stielansatz kreuzförmig ein, damit die Köhlchen gleichmäßig garen. Am besten schmeckt Rosenkohl, wenn man ihn nicht länger als 10–15 Minuten in Salzwasser oder Gemüsebrühe blanchiert. Bei dieser schonenden Garmethode zerfällt er nicht und seine wertvollen Vitamine bleiben erhalten. Das Gemüse ist nämlich eine hervorragende Quelle von Vitamin C, B und K und liefert darüber hinaus Betacarotin, Kalium, Magnesium, Eisen und Zink. Und als Kreuzblütler enthält es wie andere Kohlsorten Glucosinolate, sekundäre Pflanzenstoffe, die vor Krebs schützen.

Beim Kauf sollte man darauf achten, dass die Röschen fest geschlossen sind und auf Druck nicht nachgeben. Die äußeren Blätter dürfen weder gelb noch welk sein, denn dann liegt die Ernte schon länger zurück. Im Gemüsefach des Kühlschranks hält sich Rosenkohl maximal drei Tage. Eine gute Alternative ist tiefgekühlter Rosenkohl: Er hat noch alle Vitalstoffe und ist leichter verdaulich, weil seine Zellstruktur durch den Kälteschlaf aufgelockert ist.

Kochtipps

Besonders köstlich wird Rosenkohl, wenn man ihn mit Muskatnuss und Basilikum würzt und flüssige Butter, Milch oder Sahne darübergibt, was ihn milder macht. Aber auch fein gehackte, angebratene Zwiebeln harmonieren wunderbar. Die bittere Note kann auch durch karamellisierte Maronen neutralisiert werden – eine erlesene Gaumenfreude nicht nur zum Weihnachtsfest.

Eigenartige Blüten

Welche Blüten das rosenähnliche Gewächs sonst noch so treiben kann, war zum Beispiel zu Weihnachten 2006 im Londoner Kaufhaus Harrods zu bestaunen: Dort gab es zum Fest eine neuartige Sorte Eis zu kaufen – Rosenkohleis! Laut Hersteller sollte die Kreation mit ihrem leicht nussigen Aroma das perfekte Dessert nach dem Festtagsbraten abgeben. Da sich aber schon beim Geschmack von ganz normalem Rosenkohl die Geister scheiden, sind Zweifel berechtigt, ob das Eis seine 20 Euro pro Kilogramm wert war.

Herbstliche Kürbissuppe

- 1 TL Olivenöl
- 1 große Zwiebel, gehackt
- 2 Knoblauchzehen, zerquetscht
- 700 g Kürbisfleisch, gewürfelt
- 450 g Süßkartoffeln oder normale Kartoffeln, geschält und gewürfelt
- 1 TL gemischte getrocknete Kräuter
- 4 Salbeiblätter, möglichst frisch
- 1,5 l Gemüsebrühe
- 400 g Kidney- oder Butterbohnen aus der Dose
- Salz, Pfeffer

1 Das Öl in einem großen Topf erhitzen und Zwiebel und Knoblauch darin in zehn Minuten glasig dünsten.

2 Das Kürbisfleisch, die Kartoffeln, die getrockneten Kräuter und den Salbei zufügen und fünf Minuten andünsten.

3 Die Gemüsebrühe hinzugeben und aufkochen, dann auf kleiner Flamme 30 Minuten garen.

4 Zuletzt die Bohnen zufügen, weitere fünf Minuten kochen und die Suppe mit Salz und Pfeffer abschmecken. Dazu serviert man knuspriges Brot.

Kürbisse: Nicht nur zu Halloween

Schade, wenn Sie bei Kürbis nur an Halloween denken, denn dann entgehen Ihnen eine Menge kulinarische Genüsse. Das unkomplizierte Herbstgemüse ist nämlich ausgesprochen vielseitig und schmackhaft und lässt sich beileibe nicht nur süßsauer einlegen – die Erinnerung an Kürbis aus dem Einmachglas graust manch einen heute noch, der als Kind zu viel davon essen musste.

Theoretisch könnte man jeden Tag im Jahr einen anderen Kürbis essen, denn es gibt über 850 Arten, wovon ein gut Teil essbar ist. Schließlich ist der Kürbis eine der ältesten Kulturpflanzen der Welt. Von Ausgrabungen aus der Zeit von 6000 – 4000 vor Christus weiß man, dass die Menschen aus den Riesenbeeren – denn Kürbisse zählen zu den Beerenfrüchten – Haushaltsgeräte, Musikinstrumente und sogar Schwimmbojen herstellten. Ihre eigentliche Heimat liegt in Süd- und Mittelamerika. Schon die Azteken, Maya und Inka bauten die wärmeliebenden Pflanzen an, und über Kolumbus kamen sie nach Europa, wo man bis dahin nur ihre Verwandten, die Gurke und Melone, kannte. Bei uns wurde Kürbis Anfang des 20. Jahrhunderts an das Vieh verfüttert und war in Kriegs- und Notzeiten das täglich Brot der armen Leute.

Kürbiskernöl ist wegen seines delikaten, nussigen Aromas ideal als Salatöl, aber auch zum nachträglichen Verfeinern von Saucen, Suppen und Süßspeisen. Erhitzen sollte man es nicht, denn dadurch würden die wertvollen ungesättigten Fettsäuren zerstört, die darin reichlich enthalten sind.

Vom Tisch der armen Leute ins Nobelrestaurant

Die Zeiten haben sich geändert und heute gilt der Kürbis als die kulinarische Neuentdeckung der letzten Jahre schlechthin. Sweet Dumpling, Hokkaido, Butternut, Bischofsmütze, Patisson und wie sie alle heißen stehen heute in den besten Restaurants auf der Speisekarte. Und manch ein Küchenchef zaubert sogar ein komplettes Menü mit Kürbiscremesuppe zum Auftakt, Kürbisravioli oder Kürbispuffer zum Hauptgang und Kürbis-Pannacotta oder Kürbissorbet als Dessert.

Kürbisse kann man kochen, pürieren, braten, dünsten, grillen und backen, sie können pikant oder süß gewürzt werden und schmecken auch im Salat köstlich. Der orangerote runde Hokkaido, der aus Japan stammt, hat hierzulande besonders viele Anhänger, die seinen feinen, nussigen Geschmack schätzen. Bevor man ihn zubereitet, entfernt man die Kerne. Die Schale aber kann man mitkochen und essen.

Kürbis sollte tatsächlich öfter auf den Tisch kommen, denn er ist kalorienarm und liefert neben Mineralstoffen und Spurenelementen wie Kalium, Magnesium, Eisen und Zink reichlich Ballaststoffe, Vitamin C, E und B$_6$ sowie große Mengen Betacarotin, das vor Krebs sowie Herz- und Gefäßkrank-

heiten schützt und eine Vorstufe des wertvollen „Augenvitamins" A ist. Überdies enthält Kürbis pflanzliche Hormone, die Phytosterine. Weil diese auch in den Kernen bestimmter Kürbissorten sitzen, werden diese zu Arznei verarbeitet, die bei Prostata- und Blasenproblemen hilft und den Cholesterinspiegel senken kann.

Kürbisse sind Meister im Wasserspeichern und können sich deshalb zu rekordverdächtigen Größen aufblasen. Der bislang größte Kürbis der Welt wurde am 29. September 2007 in Topsfield, Massachusetts gewogen: Er brachte satte 766 Kilogramm auf die Waage.

Linseneintopf
mit Gartengemüsen

- 8 EL Traubenkernöl
- 1 EL geräuchertes Paprikapulver
- 750 g Kartoffeln, Sorte Linda
- 200 g Karotten
- 200 g Knollensellerie
- 200 g Lauch
- 50 g Schalotten
- 1,5 l Gemüsefond
- 240 g Belugalinsen
- Zucker, Salz
- 1 Staudensellerie
- 400 g Rote Zwiebeln
- 1½ TL Zucker
- 2 Bund Glatte Petersilie
- 2 Bund Petersilie

1 In einem Topf Traubenkernöl und Paprikapulver anschwitzen.

2 Kartoffeln abkochen, schälen, in Würfel schneiden und in den Topf geben. Das Gemüse mit Ausnahme des Staudenselleries in gleichmäßige Würfel schneiden und zufügen. Mit dem Gemüsefond auffüllen, aufkochen und etwa 15 Minuten köcheln lassen.

3 Die Linsen separat etwa 15 Minuten in Wasser kochen, danach abgießen, abspülen und zu dem gegarten Gemüse geben. Mit Zucker und Salz abschmecken.

4 Den Staudensellerie und die Zwiebeln in kleine Würfel schneiden. In einer Pfanne andünsten, mit dem Zucker bestreuen und etwa drei Minuten karamellisieren lassen. Anschließend dem Eintopf zufügen.

5 Die Petersilie samt Stängeln klein hacken und dem Eintopf zufügen.

Zu diesem Linseneintopf kann man auch gedünsteten Fisch, zum Beispiel Kabeljau, servieren.

Linsen: Nur bei Aschenputtel und Schnecken unbeliebt

Linsen sind furchtbar klein und schwer zu fassen. Niemand weiß das besser als das Aschenputtel. Wie hatte sich das junge Mädchen auf den Ball gefreut, doch dann schüttete ihr die böse Stiefmutter eine Schüssel Linsen in die Asche: „Wenn du die Linsen in zwei Stunden wieder aus-

gelesen hast, so sollst du mitgehen." Das war unmöglich zu schaffen! Doch die Gebrüder Grimm schickten Hilfe: die Tauben. Nur gut, denn Schnecken zum Beispiel hätten Reißaus genommen. Und das macht die Linse auch für Kleingärtner interessant.

Ganz wie das Aschenputtel ist auch die Linsenpflanze, botanisch *lens culinaris*, reichlich unscheinbar. Sie hat feine Blätter, einen krautigen Wuchs und wird bis zu 50 Zentimeter hoch. In den ausgereiften Samenhülsen sitzen die flachen Samen, die nur 4–7 Millimeter groß werden. Die nahrhafte Hülsenfrucht ist eine der ältesten Kulturpflanzen der Menschheit und kam über Ägypten und Rom auch nach Mitteleuropa. Heute gibt es viele verschiedene Sorten. Die im Rezept verwendete Belugalinse ist besonders klein, schwarz und hat den Vorteil, dass sie nicht eingeweicht werden muss.

Ein bombiges Früchtchen

Egal wie klein, Linsen sind wahre Eiweißbomben – der Eiweißanteil beträgt 25–30 Prozent in der Trockenmasse – und damit gerade auch für Vegetarier ein Muss. Optimal wird das hochwertige Eiweiß übrigens vom Körper aufgenommen, wenn man es mit Getreide oder Getreideprodukten kombiniert. Bedenkt man dann noch, dass die Samen voller Eisen, Folsäure, Zink und Ballaststoffe stecken und unter anderem Blutarmut und einem hohen Cholesterinspiegel entgegenwirken, sollte man sie wirklich häufiger auf den Tisch bringen. Um die Eisenaufnahme zu verbessern, isst man idealerweise Vitamin-C-reiche Lebensmittel dazu.

Im heimischen Garten sind Linsenpflanzen ausgesprochen genügsame Bewohner. Sie lieben kargen Boden und waren früher, als im Getreidefeld noch eine gewisse Unordnung herrschte, zwischen Gerste oder Hafer zu finden. Deshalb mussten die Samen, meistens von den Kindern der Bauernfamilien, mühsam aus dem Feld herausgesucht werden. Ob sich die Grimms vielleicht davon zu ihrem Märchen inspirieren ließen?

Verlorene Linsen

Ganz wenig Mühe, aber viel her, macht dagegen die folgende Tischdekoration, die natürlich besonders gut zu einem Linseneintopf passt. Rote, gelbe und braune getrocknete Linsen werden in Schlangenlinien in der Mitte des Tisches auf das Tischtuch gestreut. Dazwischen sorgen Teelichter, die im Herbst auf bunte Blätter gestellt werden können, für eine heimelige Atmosphäre. Genau der richtige Rahmen für ein gemütliches Eintopfessen in fröhlicher Runde!

Nur einer vergeht bei Linsen der Appetit: der gefräßigen Schnecke. Die nämlich soll sich von den Gerb- und Bitterstoffen gekeimter Linsen abschrecken lassen. Hobbygärtner können also rund um das Salatbeet Linsensamen aussäen oder gekeimte Linsen unter Gartenerde mischen, die dann wie ein Wall um das Beet ausgebracht wird. – Den Versuch ist es wert.

Schafskäsecreme
mit Kräutern

Ein Rezept von:

Andreas Sunder-Plassmann
Schafkäserei Hof Ahmen
Wacholder Weg 1
24376 Kappeln/Kopperby
Telefon 04644 571
www.bioschafskäse.de

- 1–2 Knoblauchzehen
- 1 kleine Handvoll Gartenkräuter
  (zum Beispiel Schnittlauch,
  Basilikum, Majoran)
- 2 EL Olivenöl
- 1 TL Tomatenmark
- 200 g Schafskäse

1 Die Knoblauchzehen und die Gartenkräuter
klein schneiden.

2 Knoblauch, Kräuter, Olivenöl, Tomatenmark
und Käse in ein hohes Gefäß geben und mit
dem Mixstab zu einer Creme verarbeiten.
Falls nötig noch weiteres Öl zufügen.

Die Käsecreme schmeckt lecker auf Baguette
oder Vollkornbrot.

Kulinarisch voll im Trend: Schafskäse

Pecorino in Italien, Manchego in Spanien, Roquefort in Frankreich und Feta in Griechenland – an diesen delikaten Käsesorten aus Schafsmilch kommt kein Tourist vorbei. Im Mittelmeerraum haben sie eine uralte Tradition: Plinius erwähnte Roquefort bereits im Jahr 79 nach Christus. Doch längst haben Pecorino und Co. auch den Rest Europas im Sturm erobert.

Schafskäse wird aus Schafsmilch gemacht – sollte man meinen. Tatsächlich darf er in den meisten EU-Ländern aber aus einer Mischung aus Schafs- und Kuhmilch oder Schafs- und Ziegenmilch herge- stellt werden. Was nicht weiter verwundert, denn so viel Milch, wie man bräuchte, können die guten Tiere gar nicht produzieren: Während eine Kuh im Jahr gut 8 000 Liter hergibt, fließen beim Schaf gerade mal 400. Wer ganz sichergehen und einen Käse aus reiner Schafsmilch kaufen möchte – weil er etwa an einer Kuhmilchallergie leidet –, wählt ein deutsches Produkt: Dieses muss per Verordnung zu 100 Prozent aus Schafsmilch gemacht sein. Und wer Wert auf einen Käse frei von chemischen Hilfsmitteln legt, sollte zur Bio-Variante greifen. Schafsmilch schmeckt süßer als Kuhmilch, enthält weniger Wasser, aber dafür mehr Fett, Eiweiß und Kohlenhydrate. Die Palette reicht vom Frischkäse über Weich- und halbfesten Schnittkäse bis zum Hartkäse.

Nicht jeder Salzlakenkäse ist ein Feta

Das griechische Wort „Feta" bedeutet „Schnitte" oder „Scheibe". Seine Herstellung und Lagerung hat im Land Homers eine lange Tradition. Original-Feta wird ausschließlich aus Schaf- oder (selten) Ziegenmilch auf althergebrachte Art erzeugt: Er wird in Scheiben geschnitten und reift in Salzlakenfässern. Bis zum Oktober 2007 durften sich auch andere Salzlakenkäse „Feta" nennen. Sie wurden zum Beispiel in Deutschland, Dänemark und Frankreich aus Schaf-, Ziegen- oder Kuhmilch hergestellt. Seit 2007 ist „Feta" eine geschützte griechische Urspungsbezeichnung. Um diesen Namen tragen zu dürfen, müssen mindestens folgende Bedingungen erfüllt sein:

- Die Milch muss von traditionell gehaltenen Schafen und Ziegen kommen.
- Die Tiere müssen in bestimmten, genau definierten Regionen leben, da die dortige Flora den besonderen Geschmack und Geruch des Fetas ausmacht.
- Die Milch muss von speziellen Schaf- oder Ziegenrassen stammen.

Seither muss für die Verbraucher auf dem Etikett eindeutig erkennbar sein, worum es sich beim jeweiligen Käse genau handelt. Ist es ein Orginal-Feta? Oder vielleicht doch ein „Käse in Salzlake gereift" oder ein „Schafskäse aus pasteurisierter Schafsmilch in Salzlake gereift"?

Für die Extraportion Kalzium

Egal, was auf dem Etikett steht – für alle Schafskäsesorten gilt, dass sie mehr Kalzium als Kuhmilchkäse enthalten. Und je härter der Käse, desto höher der Kalziumgehalt. Wollen Sie Ihre Knochen, Ihr Blut und Nervensystem also mal mit einer Extraportion Kalzium versorgen, lassen Sie zur Abwechslung Emmentaler und Gouda links liegen und greifen Sie zu würzig-aromatischem Käse vom Schaf.

Pesto mit Frühlingskräutern

- 1 Bund Estragon
- 1 Bund Kerbel
- 1 Bund junger Löwenzahn
- 1 Bund glatte Petersilie
- 1 Bund Bärlauch
- 200 ml feinstes kalt gepresstes Olivenöl
- 150 g Pinienkerne
- Pfeffer aus der Mühle
- grobes Meersalz

1 Alle Zutaten in einen Mixer geben und zu einem flüssigen Püree verarbeiten.

2 Mit Pfeffer und Meersalz kräftig abschmecken und in Einmachgläser füllen.

Das Pesto hält im Kühlschrank etwa vier bis sechs Wochen und schmeckt nicht nur zu Spaghetti köstlich, sondern beispielsweise auch in cremigem griechischem Joghurt.

Löwenzahn:
Gut für Mensch und Meerschwein

Wetten, dass Sie eine Wiese voller gelb blühendem Löwenzahn herrlich finden – nur nicht gerade im eigenen Garten? Denn da hört für die meisten Gartenbesitzer der Spaß auf und sie machen dem vermeintlichen Unkraut gründlich den Garaus. Nichts dagegen – aber statt die Blätter wegzuwerfen oder an Meerschweinchen und Kaninchen zu verfüttern, sollte man sie ruhig auch mal in die Küche tragen.

Denn die zarten Blätter des jungen Löwenzahns, die von Spitzenköchen wieder salon- beziehungsweise küchenfein gemacht wurden, verwöhnen auch den menschlichen Gaumen und verfeinern Suppen und Salate, Pfannkuchen, Quark, Gemüse, Fisch und Fleisch. Eine wahre Delikatesse sind auch die jungen, noch fest geschlossenen Blüten, wenn sie kross gebraten oder in Butter geschwenkt werden.

Und die getrockneten und gerösteten Wurzeln können als Ersatzkaffee herhalten. Diesen Zichorienkaffee – oder Muckefuck – trank man in den Nachkriegsjahren, als Kaffeebohnen Mangelware waren.

Schon seit vielen Jahrhunderten wird Löwenzahn auch als Heilpflanze geschätzt. Er reinigt das Blut, regt Stoffwechsel, Verdauung und Nierenfunktion an und schwemmt Wasser aus – daher auch der Beiname Pissblume oder französisch *pissenlit* („Piss ins Bett"). Diese harntreibende Wirkung hat das Kraut seinem hohen Gehalt an Mineralstoffen zu verdanken, darunter Kalium, Natrium, Kalzium und Eisen. Außerdem liefert es Vitamin C, das die Aufnahme des Eisens fördert. Ältere Blätter und die Stängel sind schwach giftig und können nach Verzehr größerer Mengen zu Brechreiz und Magen-Darm-Beschwerden führen. Die hellen, zarten Blätter, die vor der Blüte aus dem Boden sprießen, dagegen nicht – ausschließlich diese sollte man in der Küche verwenden.

Magische und prophetische Kräfte

Magische Kräfte werden der Kuhblume, wie Löwenzahn auch heißt, ebenfalls nachgesagt. Die nordamerikanischen Indianer rauchten die getrockneten Blätter bei ihren schamanischen Ritualen. Und alter Hexenglaube besagt, dass jeder Wunsch erfüllt wird, wenn man sich nur mit Löwenzahn den Körper einreibt. Zumindest beim Wunsch, von Warzen befreit zu werden, könnte das sogar funktionieren, denn der klebrige Milchsaft wird traditionell auf Warzen aufgetragen.

Jungen Mädchen diente die Pusteblume in früheren Jahrhunderten als Orakel: Wenn sie die Samen abbliesen, entsprach die Anzahl der verbliebenen Samen auf dem Stängel der Anzahl der Jahre, die sie

> **Reinigungsmilch mit Kamille und Löwenzahn**
>
> Löwenzahn eignet sich nicht nur zum Essen, sondern auch zur Gesichtsreinigung für blasse und großporige Haut. Etwa 140 ml kochendes Wasser über 3 EL klein gehackte Kamillenblüten und 2 EL klein geschnittene Löwenzahnblätter gießen. Gut verrühren und 12 Stunden ziehen lassen. 140 ml Milch unterrühren und nochmals 2 Stunden ziehen lassen. Abseihen und in ein Glas füllen. Morgens und abends anwenden.

noch bis zur Hochzeit warten mussten. Menschen in fortgeschrittenerem Alter gaben die Fallschirmchen Auskunft darüber, wie viele Jahre sie noch zu leben hatten. Und nicht zu vergessen: War der Fruchtboden nach dem Auspusten weiß, kam der Puster in den Himmel, war er schwarz, wartete das Fegefeuer auf ihn. Gott sei Dank denken Kinder heute nicht mehr an Himmel und Hölle, wenn sie das uralte Spiel spielen: die Samen einer abgeblühten Pusteblume abblasen und schauen, wo sich die kleinen Fallschirmchen niederlassen. Dort kommen im Jahr darauf wieder zarte Blättchen aus der Erde, die nicht nur Meerschweinchen schmecken.

Spaghettini
mit Wildkräuteröl

Ein Rezept von:

Michael Laumen
Hotel-Restaurant
Ich weiß ein Haus am See
Altes Forsthaus 2
18292 Krakow am See
Telefon 038457 23273
E-Mail einhausamsee@t-online.de

- 4–8 EL verschiedene Gemüse nach Geschmack
  (zum Beispiel Tomate, Zwiebel, Knoblauch,
  Staudensellerie, Champignons)
- 4–8 EL Wildkräuteröl
- 400 g Spaghettini
- frische Kräuter (nach Belieben)
- Parmesan, frisch gerieben

1 Das Gemüse sehr fein schneiden, dann bei niedriger Temperatur im Wildkräuteröl sanft anbraten.

2 Die Spaghettini nach Packungsanweisung bissfest kochen.

3 Das Wasser abschütten und die Nudeln abtropfen lassen. Zur Gemüse-Öl-Mischung geben, gut durchmischen und, falls gewünscht, mit frischen Kräutern garnieren.

4 Parmesan darüberstreuen, mit etwas Öl beträufeln und servieren.

Viel zu schade für den Tank: Rapsöl

Weil Spitzenkoch Michael Laumen immer schon dem besten Öl auf der Spur war, stellte er eines Tages kurzerhand selbst eines her.
Mit Erfolg: Als er befreundeten Köchen sein kaltgepresstes Rapsöl bei einer Verkostung von besten Olivenölen unterjubelte, waren durch die Bank alle hellauf begeistert.

Seitdem geht in seiner Küche ohne Rapsöl aus Mecklenburger Raps nichts mehr. In der Rühner Klostermühle (siehe Kasten rechts) werden seine Ölkreationen verkauft – feinste native Kräuteröle ohne jeden künstlichen Zusatz. Vom würzigen Bärlauch über die an Anis erinnernde Süßdolde bis hin zum aromatischen Waldmeister kommen nur heimische Wildkräuter hinein.

Vom Lampenöl zum herzgesunden Feinkostöl

Schon im Mittelalter nutzten die Menschen in Europa Rapsöl – allerdings füllten sie es in Öllampen, um Licht in die eigenen vier Wände zu bringen. Mitte des 19. Jahrhunderts wurde es als Lampenöl durch das preiswertere Petroleum abgelöst. Erst 100 Jahre später erkannte man schließlich, dass man Rapsöl auch verzehren kann. Doch dazu musste der Rapspflanze noch die giftige Erucasäure entzogen werden. Die heutigen Rapssorten enthalten nur noch etwa 0,1 Prozent Erucasäure. Dieser sogenannte Doppelnull-Raps weist mit einem hohen Anteil an einfach ungesättigter Ölsäure und einem ausgewogenen Verhältnis der mehrfach ungesättigten Linol- und Linolensäure ein nahezu ideales Fettsäuremuster auf. In einer kürzlich durchgeführten Studie wurde nachgewiesen, dass Rapsöl noch wesentlich gesünder ist als Olivenöl und noch effektiver einem Herzinfarkt vorbeugt. – Und damit ist es viel zu wertvoll und schade, um als Biosprit im Autotank zu landen!

Mecklenburg-Vorpommern ist das Rapsland Nummer eins in Deutschland. Im Jahr 2007 nahm der Rapsanbau fast ein Viertel der gesamten Ackerfläche ein. Zu 99 Prozent wird Winterraps angebaut, der im August ausgesät wird und im darauffolgenden Mai die Felder in leuchtendes Gelb taucht. Die Samenkörner werden zwischen Juli und August geerntet. In ganz Deutschland verarbeiten elf große und zig kleinere Ölmühlen die geerntete Rapssaat.

Ein Besuch im Kloster

Im Klostergarten der Rapsmühle Kloster Rühn werden neben den Wildkräutern auch alte Obstsorten wieder angebaut, die in der klösterlichen Manufaktur weiter-

verarbeitet werden. Bei einem Besuch erfährt man Interessantes über 775 Jahre bewegte Kirchen- und Klostergeschichte – und natürlich alles über Rapsöl und die damit hergestellten aromatischen Wildkräuteröle.

Kloster Rühn
Öl- und Senfmühle, Klosterladen
Klosterhof 1
18246 Rühn
Telefon 038461 599210
www.klosterruehn.de

Spiegelei mit Erbspüree und frischen Frühlingskräutern

- 500 g Erbsen (frisch, ohne Schoten, oder tiefgekühlt)
- 4 Eier
- Butter
- 1 EL Crème fraîche
- Muskatnuss
- Salz
- Zucker
- 1 Bund Frühlingskräuter (etwas Brunnenkresse, Estragon, Sauerampfer, Kerbel, glatte Petersilie)
- alter Balsamicoessig

1 Die Erbsen in kochendem Wasser drei Minuten garen.

2 Die Spiegeleier in einer beschichteten Pfanne braten.

3 Währenddessen die gekochten Erbsen mit etwas kalter Butter und der Crème fraîche mit dem Zauberstab oder im Küchenmixer pürieren. Mit Muskatnuss, Salz und Zucker abschmecken.

4 Die frischen Frühlingskräuter grob hacken und in das Püree geben; ein wenig davon als Garnitur aufbewahren.

5 Das Püree auf vorgewärmten Tellern in der Mitte anrichten und die Spiegeleier daraufsetzen. Zum Schluss die restlichen frischen Kräuter locker darüber streuen und mit dem Balsamicoessig beträufeln.

Form und Inhalt in Perfektion: Das Ei

Das Ei hat die perfekteste Form, die es überhaupt gibt. Die organische Eiform inspiriert Forscher und Designer zu Produkten wie Formel-Eins-Flitzern, die dieser Linie nachempfunden sind. Fast noch idealer als die Form jedoch und vor allem wohlschmeckender ist das, was von dieser Form umschlossen wird. Der Durchschnittsdeutsche isst es 223 Mal im Jahr.

Symbolisch steht das Ei für Fruchtbarkeit und für den Ursprung des Lebens. Jeder Kulturkreis hat seine eigenen Mythen und Gebräuche. Das Ei ist seit jeher Symbol der Wiedergeburt und im Christentum das Symbol der Auferstehung Jesu. Deshalb werden an Ostern, dem Fest der Auferstehung, traditionell Ostereier bemalt.

Die weiß-gelbe Gefahr war nie eine

Wissenschaftlich gesehen ist das Ei ein Rotationskörper, der immer gleich aussieht, egal aus welcher Richtung man ihn betrachtet. Das kann man leicht nachvollziehen, wenn man um ein senkrecht angebrachtes Ei herumgeht. In der Küche stehen freilich ganz andere Qualitäten im Vordergrund, und wer Hunger hat, zögert nicht, die perfekte Form zu zerstören und sich das Weiße und das Gelbe vom Ei einzuverleiben. Denn ein Hühnerei liefert hochwertiges Eiweiß, das sämtliche unentbehrlichen Aminosäuren enthält und vom menschlichen Körper besonders gut verwertet wird.

Neben vielen Vitaminen und Mineralstoffen liefert es auch Cholin, das die Nerven stärkt und den Geist fit hält. Das Ei hat aber auch einen hohen Cholesteringehalt, und der brachte ihm in den 1970er-Jahren den Ruf ein, schlecht fürs Herz zu sein. Doch mittlerweile ist das Ei rehabilitiert: Nahrungscholesterin erhöht nämlich nicht, wie man vor einiger Zeit herausgefunden hat, den Cholesterinspiegel im menschlichen Körper. Nur Personen, die an einer schweren Fettstoffwechselstörung leiden, müssen ihren Eierkonsum einschränken. Für alle anderen gibt es Entwarnung: Sie dürfen ihr Frühstücksei und Omelett wieder mit gutem Gewissen genießen.

Das Turboei lässt grüßen

Schon Wilhelm Busch reimte: „Das weiß ein jeder, wer's auch sei – gesund und stärkend ist das Ei"! Um es noch gesünder zu machen, kamen Lebensmittelforscher auf die Idee, Leinsamen, Leinöl und Algen ins Hühnerfutter zu mischen. Das erhöhte den Anteil an Omega-3-Fettsäuren erheblich. Heute stehen diese Turboeier einträchtig neben den herkömmlichen im Supermarktregal.

Der Eier-Frischetest

Wie frisch ein Ei ist, kann man leicht prüfen. Man legt es in ein Glas mit kaltem Wasser und sieht, was passiert. Bleibt das Ei am Boden liegen, ist es ganz frisch. Eier, die schon ein paar Tage alt sind, stellen sich leicht schräg, und zwei bis drei Wochen alte Eier stehen senkrecht mit dem stumpfen Ende nach oben im Wasser. Schwimmt ein Ei direkt an der Wasseroberfläche, ist es uralt und nicht mehr genießbar.

Auch wenn sie bei einem Gericht nicht die erste Geige spielen, sind Eier für viele Gerichte unentbehrlich. Sie lockern den Teig auf, helfen Suppen und Saucen legieren und dienen als Bindemittel oder Emulgator, etwa bei der Herstellung von Mayonnaise. In jedem Fall muss man beim Umgang mit Eiern aber auf strenge Hygiene achten, denn die Schale kann mit Salmonellen verunreinigt sein. Deshalb sollten Eier möglichst frisch gekauft, unbedingt im Kühlschrank gelagert und bald verbraucht werden. Für Speisen, die rohe Eier enthalten wie Tiramisu, darf man nur ganz frische Eier nehmen und muss die Speise anschließend kühlen. Arbeitsflächen und Geräte, die mit rohen Eiern in Kontakt gekommen sind, müssen gut mit heißem Wasser und Spülmittel gereinigt werden. Und natürlich: Hände waschen nicht vergessen!

Geräucherter Lachs mit Rösti

- 1 kg festkochende Kartoffeln, gepellt
- Salz, Pfeffer
- Muskat
- Butter
- Traubenkern- oder Olivenöl
- 240 g geräucherter Lachs
- 4 EL Crème fraîche
- Dill

1 Die Kartoffeln grob raspeln, in ein Geschirrtuch geben und die Flüssigkeit ausdrücken. Salzen, pfeffern und mit Muskat würzen.

2 In einer beschichteten Pfanne Butter sowie Traubenkern- oder Olivenöl erhitzen. Die Kartoffeln mit den Händen zu kleinen, etwa fingerdicken Küchlein formen und auf beiden Seiten hellbraun braten. Nach dem Wenden die Hitze etwas reduzieren.

3 Die Rösti mit geräuchertem Lachs, je einem Esslöffel Crème fraîche sowie Dill auf Tellern anrichten und servieren.

Tipp

Am besten gelingen Rösti mit Pellkartoffeln vom Vortag. Die Stärke und Flüssigkeit haben sich in den kalten Kartoffeln gut verbunden, sodass die Raspel recht trocken sind und in der Pfanne gut zusammenhalten.

Dill – ein Gartenkraut mit eigenem Kopf

„Der Dill, der Dill, der macht, was er will." Manch ein Hobbygärtner kann diesen alten Spruch bestätigen, denn das Gurkenkraut, wie Dill auch genannt wird, scheint tatsächlich seinen eigenen Kopf zu haben. Dill keimt nicht unbedingt dort, wo ihn der Gärtner haben will, sondern wo es ihm gefällt. Dort aber kann er sich zu stattlichen Pflanzen auswachsen.

Der Dill, botanisch korrekt *Anethum graveolens*, sucht sich seinen Garten und damit seinen Gärtner selbst aus. Beim einen mickern die Sämlinge vor sich hin, quälen sich aus dem Boden, werden erst blassgrün, dann gelb und gehen schließlich kümmerlich ein. Beim andern wuchert Dill wie Unkraut und sät sich ständig selbst aus. Weil es Dill gern warm hat, sät man die Samen ab April an einem sonnigen, windgeschützten Plätzchen direkt in lockeren, humushaltigen Boden aus. Dann hält man die Erde immer schön feucht, vermeidet aber unter allen Umständen Staunässe. Wenn man dann Glück hat und das würzige Kraut sich mit seinem Standort – und seinem Gärtner – wohlfühlt, kann es locker über einen Meter hoch werden.

Hilft gegen Blähungen und sinnliche Triebe

Dill gehört zwar nicht zu den offiziellen Heilpflanzen, hat aber dennoch in der Volksheilkunde seinen angestammten Platz. Schon im alten Rom wusste man um seine wohltätigen Wirkungen: So rieben sich die Gladiatoren vor einem Kampf am ganzen Körper mit Dillöl ein, damit sich die Wunden, die sie sich in der Arena zuzogen, nicht entzündeten. Ganz allgemein regt Dill den Appetit an, stärkt den Magen, fördert die Verdauung, hilft bei Blähungen und macht viele Speisen bekömmlicher. Und wer Dillsamen kaut, bekommt einen frischen Atem. Hildegard von Bingen war davon überzeugt, dass das Kraut „die sinnlichen Triebe" unterdrückt – vielleicht mit ein Grund dafür, dass es damals in jedem Klostergarten wuchs. Gegen Schlafstörungen empfahlen Heilkundige im Mittelalter, Dillzweige unters Kopfkissen zu legen. Heute trinkt man vor dem Schlafengehen stattdessen einen Tee aus Dillsamen oder -kraut, den man zehn Minuten ziehen lässt.

Der Dill kann mit Stolz von sich behaupten, eines der aromatischsten und schmackhaftesten Küchengewürze zu sein. Eine Senf-Honig-Dillsauce zu gegrilltem Fisch oder Räucherlachs, gerösteter Dillsamen auf einem hart gekochten Ei, eingelegte Gurken oder eine schlichte Sahnesauce mit richtig

Joghurt-Dill-Dressing
2 Stängel Dill, 3 Staudensellerie-Blätter und 1 kleine Möhre fein schneiden. Mit 200 g Joghurt (1,5 % Fett), 50 ml Milch (1,5 % Fett) und 1 TL Senf gut mischen und mit Salz abschmecken. – Ein ebenso schnelles wie raffiniertes Dressing, das gut zu Blatt-, Gurken- und Gemüsesalaten, aber auch zu geräuchertem Lachs passt.

viel Dill zu frischen Kartoffeln in der Pelle – all diese Speisen würden ohne ihn nur halb so lecker schmecken.

Junger Dill lässt sich übrigens gut einfrieren. Man sollte ihn allerdings erst gegen Abend nach einem trockenen Sonnentag ernten. Und nicht vergessen: Wirklich Freude macht der Dill im Garten nur, wenn er will …

Hechtfilet
mit Pellkartoffeln

Ein Rezept von:

Volker Specht
Restaurant Bruhns Wellenlänge
Maximilian Bruhn
Dorfring 36
24235 Stein
Telefon 04343 4950

- 1 Stück Sternanis
- 1 Vanillestange
- 1 Stück Ingwer
- 1 Tomate
- 1 Zweig Petersilie
- 4 Hechtfiletstücke ohne Gräten (je 150 g)
- Salz, Pfeffer aus der Mühle
- Öl
- je 150 g Petersilienwurzel, Möhren und Steckrüben

- Butter
- etwas Zucker
- Muskat
- 125 ml Weißwein
- 250 g Sahne
- 1 Bund Schnittlauch, in feine Röllchen geschnitten
- 500 g blaue Kartoffeln, gekocht und gepellt

1 Den Sternanis in vier Teile, die Vanillestange in vier Stücke und den Ingwer in vier dünne Scheiben schneiden. Die Tomate häuten, entkernen und vierteln.

2 Die Filetstücke auf eine Platte legen und jedes mit Sternanis, Vanillestange, Ingwer, Tomatenwürfeln und einem Petersilienblatt belegen. Leicht salzen und pfeffern und mit etwas Öl beträufeln. Portionsweise in einen Vakuumbeutel geben und einschweißen.

3 Das Gemüse putzen und klein schneiden. Getrennt blanchieren und in etwas Butter anschwenken, dann mit Salz, Zucker, Muskat und Pfeffer würzen.

4 Einen großen Topf Wasser zum Kochen bringen, dann die Flamme ausstellen und nach fünf Minuten die Vakuumbeutel mit dem Fisch hineinlegen und mit Deckel zehn Minuten ziehen lassen.

5 In einem kleinen Topf den Weißwein mit der Sahne langsam reduzieren lassen. Kurz vor dem Servieren den Schnittlauch zufügen.

6 Die Folienbeutel aus dem Wasser nehmen und aufschneiden. Das Gemüse auf Tellern anrichten, den Fisch daraufsetzen und leicht mit der Sauce übergießen.

7 Die gepellten blauen Kartoffeln in Butter anschwenken und leicht salzen. Zum Fisch servieren.

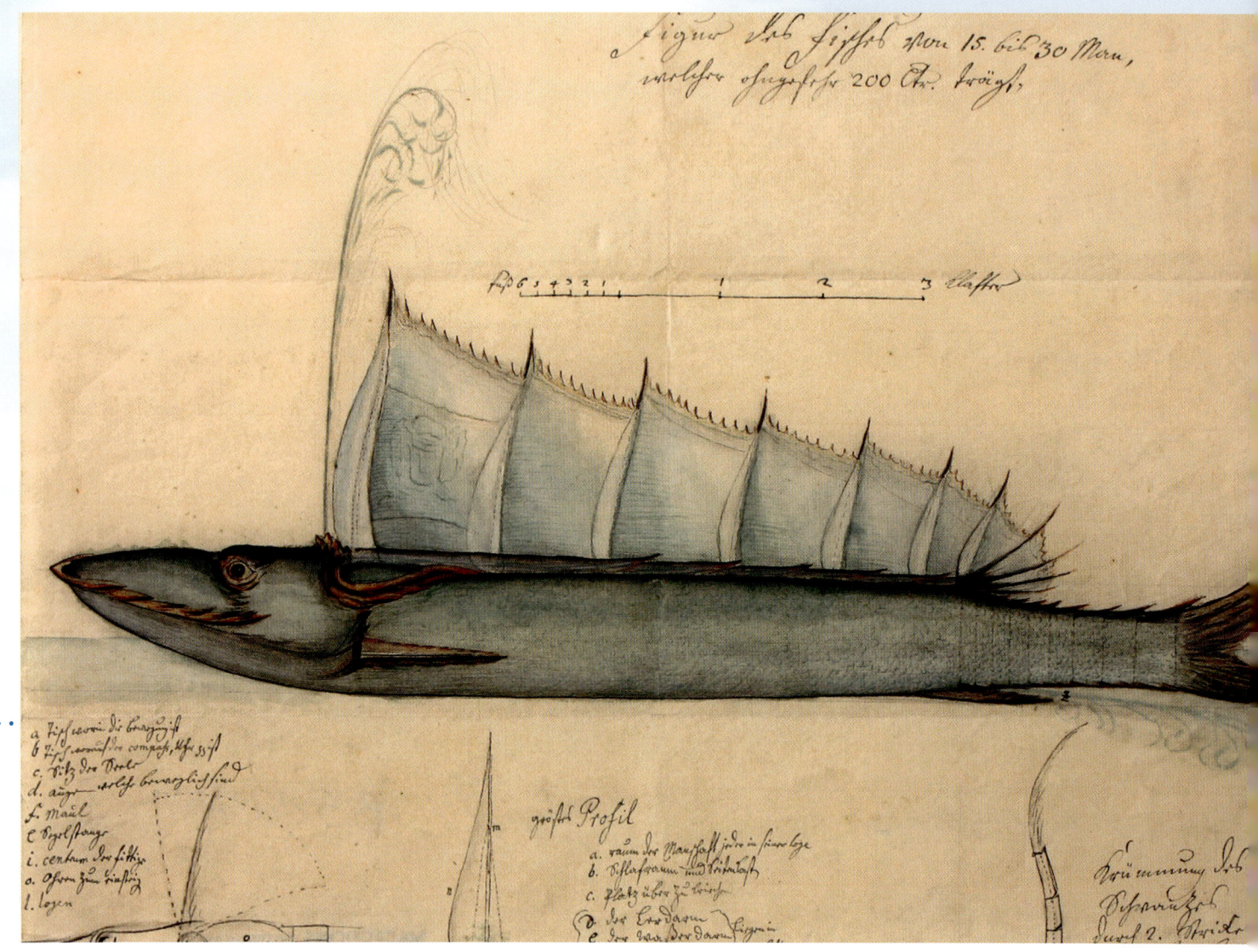

Vom Steinhuder und anderen tollen Hechten

Hechte tummeln sich in vielen Seen Deutschlands. Doch nur ein See, das Steinhuder Meer, kann auf ein Exemplar stolz sein, das nicht wegen seines besonderen Geschmacks, sondern wegen einer außergewöhnlichen technischen Leistung zu seiner Zeit in aller Munde war: den Steinhuder Hecht.

Dabei handelte es sich um ein hölzernes U-Boot in Form eines Fischs, das um 1772 von Tüftlern um den Grafen Wilhelm zu Schaumburg-Lippe auf der Inselfestung Wilhelmstein gebaut wurde und mitten im Steinhuder Meer in See stach. Es soll sage und schreibe zwölf Minuten unter Wasser geblieben sein.

Ein hungriger Wolf

Im Kochtopf hätte sich dieser tolle Hecht wohl weniger gut gemacht, denn Holz zählt nicht gerade zu den kulinarischen Köstlichkeiten. Für eine leckere Fischmahlzeit eignet sich dann doch eher der echte Süßwasserfisch; Volker Specht zum Beispiel bevorzugt für sein Rezept auf S. 50/51 Hecht aus dem Selenter See. Der Hecht ist ein Raubfisch, der im Unterwasserdschungel der Uferzonen auf Beute lauert – Fische, Frösche, Wasservögel und sogar kleine Säugetiere – und dann pfeilschnell vorschießt und mit seinem breiten, zähnestarrenden Maul zuschnappt. Da passt der wissenschaftliche Name des europäischen Hechts doch perfekt: *Esox lucius* heißt übersetzt „schillernder Wolf". Angler können ein Lied von diesem aggressiven, starken Kämpfer singen, der sich nicht so ohne Weiteres geschlagen gibt. Am meisten Glück haben Angler im Mai direkt nach der Schonzeit, denn dann sind die Fische ausgehungert und gehen auf alles los, was essbar sein könnte.

Das weiße Hechtfleisch ist fest und sehr aromatisch, hat aber viele Gräten. Kalorienbewusste schätzen den Edelfisch, weil er pro 100 Gramm gerade mal 0,7 Gramm Fett auf den Teller bringt. Ausgewachsene Exemplare können über einen Meter lang werden und mehr als 25 Kilogramm auf die Waage bringen, in der Küche aber sind die kleinen Exemplare mit einem Gewicht von 1 bis 3 Kilogramm weit mehr begehrt, weil sie am köstlichsten schmecken. Hechtrezepte gibt es viele. Der Fisch wird gern zur Zubereitung von Farcen oder für Hechtklößchen verwendet oder auch im Speckmantel serviert. Junge Hechte sind besonders zum Blaukochen geeignet (s. Kasten).

Involtini von Welsfilet und Pfahlmuscheln im Pancettamantel

Ein Rezept von:

Dorint Resort Ostseebad Wustrow
Strandstraße 46
18347 Ostseebad Wustrow
Telefon 038220 650
Telefax 038220 65100
info.wustrow@dorint.com
www.dorint.com/wustrow

Für die Involtini
- 1 kg Pfahlmuscheln
- 250 g Möhren
- 300 g Sellerie
- 1 Stange Lauch
  (nur das Weiße verwenden)
- 2 Schalotten
- 2 Knoblauchzehen
- Olivenöl
- 250 ml Weißwein
- 4 Welsfilets
  (je 120–140 g)
- Salz, Pfeffer
- 100 g Pancetta
  (Bauchspeck;
  dünn geschnitten)

Für die Rotweinsauce
- 1 Schalotte
- 100 g Butter
- 1,5 l trockener Rotwein
- 200 g Sahne
- 200 ml Fischfond
- den gesamten Muschelfond
- Saft von 1 Limette
- Salz, Pfeffer
- 1 Bund frische Minze

1 Pfahlmuscheln waschen und putzen, den Bart entfernen. Geöffnete Muscheln wegwerfen.

2 Zwei Drittel des Wurzelgemüses (Möhren, Sellerie, Lauch) in feine Streifen und eine Schalotte in feine Würfel schneiden. Zwei Knoblauchzehen mit der flachen Hand auf einem Schneidbrett ungeschält zerdrücken.

3 Die Hälfte des geschnittenen Wurzelgemüses, die gewürfelte Schalotte und den Knoblauch in Olivenöl farblos anschwitzen. Die Muscheln dazugeben, ebenfalls ein wenig anschwitzen. Das Ganze mit Weißwein ablöschen, sodass die Muscheln maximal bis zur Hälfte bedeckt sind. Abdecken und etwa 8 Minuten ziehen lassen. Dann vom Herd nehmen und nochmals etwas ziehen lassen.

4 In der Zwischenzeit das restliche Wurzelgemüse sowie die zweite Schalotte in feine Würfel schneiden. Das Muschelfleisch aus den Schalen lösen und zur Seite stellen. Das Gemüse in Olivenöl anschwitzen, mehrfach mit etwas Rotwein ablöschen; es darf nicht Farbe nehmen. Wenn das Gemüse fast weich ist, das Muschelfleisch hacken und zufügen und mit einem Schuss Sahne ablöschen. Gut reduzieren und danach zum Abkühlen zur Seite stellen.

5 Den Backofen auf 160 Grad vorheizen. Von den Welsfilets die Bauchlappen und die Gräten entfernen. Die Filets ein wenig klopfen und pfeffern, nicht salzen. Die Füllung dünn auf den Filets verteilen und diese zu Rouladen einrollen; mit dem Pancetta umwickeln.

6 Die Rouladen in der Pfanne nicht zu heiß von allen Seiten kurz anbraten. Dann im Backofen etwa 20 Minuten bei 160 Grad backen; zwischendurch zweimal wenden.

7 Die restlichen Gemüsestreifen anschwitzen und auf Tellern anrichten. Die Rouladen in der Mitte schräg durchschneiden und darauf anrichten. Die restlichen Muscheln darum herum verteilen.

8 Für die Rotweinsauce die Schalotte fein würfeln und in etwas Butter farblos anschwitzen. Dann abwechselnd mit Rotwein, Sahne und Muschelfond ablöschen und wieder reduzieren lassen, sodass der Ansatz keine Farbe nimmt. Wenn der Muschelfond aufgebraucht ist, mit Fischfond weitermachen. Nach und nach die restliche Butter hinzufügen.

9 Zuletzt passieren, den Limettensaft dazugeben und gut mit dem Schneebesen durchrühren. Mit fein gehackter Minze verfeinern.

Möhre, Karotte oder Wurzel?
Hauptsache knackig und gesund!

Das orangerote Gemüse hat viele Namen: Es kommt als Karotte, Möhre, Mohrrübe, Gelbe Rübe, Wurzel oder, auf Schweizerdeutsch, Rüebli auf den Tisch. Ihre Signalfarbe hat die Möhre übrigens dem Betacarotin zu verdanken, das in ihr reichlich enthalten ist.

Betacarotin macht die Möhre nicht nur schön farbig, sondern vor allem auch äußerst wertvoll. Es heißt übrigens so, weil man Betacarotin zuerst in der Karotte gefunden hat. Der Körper baut Betacarotin zu Vitamin A um, das vor allem als „Augenvitamin" bekannt ist. Die Netzhaut des Auges braucht es unter anderem zum Hell-Dunkel- und zum Farbensehen. Der Farbstoff ist aber auch Hautschutz pur, denn er schützt die Zellen vor freien Radikalen. Wer viel Möhren isst, senkt überdies Studien zufolge das Risiko einer Herz-Kreislauf-Erkrankung um rund 45 Prozent und beugt Krebs vor. Wenn das kein Grund ist, öfter mal in die knackige Wurzel zu beißen! Wie viel Betacarotin in einer Möhre steckt, sieht man ihr mit bloßem Auge an: Je intensiver die Farbe, desto mehr ist drin.

Hitze schadet dem Betacarotin nicht. Im Gegenteil: Beim Kochen werden die Zellwände aufgebrochen und dadurch die wertvollen Inhaltsstoffe freigesetzt. Auch durch Raspeln macht man den gesunden Farbstoff besser verfügbar. Und weil Betacarotin fettlöslich ist, sollte man das Gemüse stets mit etwas Öl, Sahne oder Nüssen kochen beziehungsweise anrichten, um es besser zu verwerten.

Möhren am Wegesrand und auf Köpfen

Die Möhre zählt zu den wenigen Gemüsen, die in Mitteleuropa heimisch sind. Ihre Urform, die Wilde Möhre mit ihren weißen Dolden, wächst heute noch auf Wiesen, Weiden, an Wegrändern und Bahndämmen. Dass die Wurzel schon seit Jahrtausenden kultiviert wird, beweisen 4 000 Jahre alte Möhrensamen, die man in Schweizer Pfahlbauten gefunden hat. Und im Altertum wurden die Rüben nicht nur als Gemüse, sondern auch als Heilpflanzen geschätzt. Doch die Möhre hat noch mehr drauf: Englische Hofdamen fanden es eine Zeit lang schick, sich Karottenkraut auf den Hut oder gleich ins Haar zu stecken. Wem's gefällt …

Heute wird das Gemüse weltweit in mehr als 60 Zuchtformen und Hunderten Sorten angebaut. Die orangefarbene Karotte ist übrigens eine gezielte Kreuzung zwischen der mitteleuropäischen Gartenmöhre und der mediterranen Riesenmöhre, die sich französische Landwirte im 19. Jahrhundert ausdachten. Am zahlreichsten kommen heutzutage die Sorten Nantaise und Napoli in den Verkauf. Beim Einkauf sollte man

Tipp: Möhren haltbar machen
Möhren lassen sich gut in Wasser oder Essigsud einkochen, ja sogar wie Sauerkraut süßsauer einlegen. Auch Einfrieren ist kein Problem: Möhren klein schneiden, etwa drei Minuten blanchieren, und ab in die Truhe! Im Eis sind die Wurzeln acht bis zehn Monate haltbar.

darauf achten, dass sich die Möhren nicht biegen lassen; solche von guter Qualität brechen. Vom Einkaufskorb wandern sie direkt ins Gemüsefach des Kühlschranks. Zuvor sollte man jedoch das Laub abschneiden, da es den Wurzeln Feuchtigkeit entzieht und sie schneller welken lässt. Und nicht zusammen mit Äpfeln lagern, denn diese Nachbarschaft macht sie bitter.

Dorade mit Tomaten aus dem Ofen

super leckerer Fisch, zarter, festes weißes Fleisch

- 4 mittelgroße küchenfertige Doraden
- 6 Rosmarinzweige
- Pfeffer aus der Mühle
- Meersalz
- 10 EL Olivenöl
- 6 Fleischtomaten
- 4 große Knoblauchzehen
- 2 gestrichene EL Fenchelsaat
- je 60 g grüne und schwarze Oliven
- 10 EL Balsamicoessig

1 Die Doraden abwaschen und trocken tupfen. Je einen Rosmarinzweig in die Bauchhöhle stecken und mit Pfeffer und Meersalz innen und außen würzen.

oder Tk-Kräuter

2 Den Backofen auf 220 Grad vorheizen. Zwei Auflaufformen mit Olivenöl auspinseln (eventuell mit Alufolie auskleiden) und die Doraden hineinlegen. Die Nadeln von zwei Rosmarinzweigen zerkleinern und darüber verteilen.

oder mit Brühe
Weißwein 150ml

3 Die Tomaten enthäuten. Zwei Tomaten in dicke Scheiben schneiden und um die Fische herum verteilen. Die restlichen Tomaten grob würfeln, salzen und pfeffern.

4 Die Knoblauchzehen in feine Scheiben schneiden und auf die Fische geben.

5 Tomatenstücke, Fenchelsaat und Oliven mischen und in die Form geben. Das Ganze im vorgeheizten Backofen auf der mittleren Schiene 30 Minuten bei 220 Grad garen. *genau richtig!*

6 Den Balsamicoessig um die Hälfte einkochen und vor dem Servieren über die Tomatenscheiben geben.

Die Tomaten klein schneiden und mit Knoblauch in Gewürzbrühe in die Auflaufform geben, Fische darum legen.

Teller vorwärmen!

Meersalz – das weiße Gold

Ohne Salz kann der Mensch nicht leben. Vor Tausenden von Jahren entwickelten sich die ersten menschlichen Zivilisationen dort, wo es genügend Salzvorräte gab. Der Handel damit brachte den Städten entlang der Salzstraßen Reichtum und Macht und manch einer verdiente sich damit eine goldene Nase. Das Mineral war so wertvoll, dass Alexander der Große seine Soldaten sogar mit Salz entlohnte – von daher kommt übrigens die Bezeichnung Sold.

In der griechischen Mythologie war das Salz eine Göttergabe, denn Neres, die Göttin des Meeres, schenkte es dem thessalischen Helden Peleus zur Hochzeit. Er zeugte später Achilles.

Schon die alten Griechen und Römer legten an ihren Meeresküsten flache Salzgärten an, wo das Meerwasser durch Wind und Sonne allmählich verdunstete und das auskristallisierte Salz zurückblieb. Und nach diesem Prinzip wird Meersalz rund ums

Mittelmeer noch heute abgebaut. Nach dem Trockenfallen wird die entstandene Salzschicht entweder von Hand oder mit Maschinen geerntet. Mithilfe eines elektronischen Messverfahrens wird die Reinheit der Salzkristalle bestimmt, und das Ergebnis entscheidet darüber, ob das Salz in der Landwirtschaft verwendet wird oder auf unserem Frühstücksei landet. Kochsalz wird in der Regel noch gereinigt.

Die Blume des Salzes

Das teuerste Meersalz überhaupt, das „Fleur de Sel" (die Blume des Salzes), bildet sich nur unter ganz bestimmten Wetterbedingungen. An heißen, windigen Tagen steigt die Blume als hauchdünne Schicht an die Oberfläche des Wassers und kann dann wie der Rahm von der Milch abgeschöpft werden. Das so gewonnene feine Salz unterscheidet sich von Steinsalz und Siedesalz durch seine geringfügig andere Mineralienzusammensetzung, denn es enthält außer dem Hauptbestandteil Natriumchlorid unter anderem auch Kalzium- und Magnesiumsulfat. Diesen Geschmack schätzen Feinschmecker und Sterneköche gleichermaßen und sind bereit, für dieses edle Produkt, das besonders leicht löslich ist und auf der Zunge zergeht, auch etwas mehr Geld hinzulegen. Sie würzen damit vor allem Salate und ungekochte Gerichte und auch bei Tisch darf es zum Nachwürzen nicht fehlen.

Ist die Suppe versalzen ...

... ist der Koch verliebt, heißt es sprichwörtlich. Diese Redewendung geht darauf zurück, dass Salz in der Antike eine aphrodisierende Wirkung zugesprochen wurde. Mit einem kräftig gesalzenen Essen ließ sich also, so hoffte man zumindest, die sexuelle Lust steigern. Und im 16./17. Jahrhundert tauchten in satirischen Blättern Darstellungen eines ganz besonders prickelnden Rituals auf: das Einsalzen des Ehemanns von „vorne und hinten".

Übertreiben sollte man es mit dem Salzkonsum dennoch nicht. Durchschnittlich nehmen wir pro Tag 10 – 12 Gramm Kochsalz zu uns – nach Ansicht von Ernährungswissenschaftlern viel zu viel. Die Hälfte, also ein Teelöffel voll, reicht vollkommen aus. Wie bei allem kommt es auch beim Salzverzehr auf ein gesundes Mittelmaß an. Denn während zu viel Salz bei empfindlichen Personen mit Bluthochdruck das Leiden verschlimmert, kann ein Zuwenig gerade bei älteren Menschen die Gefahr von Herz-Kreislauf-Komplikationen erhöhen.

Poulardenbrust mit Kräuterfrischkäse und Schalotten-Rotweinsauce

Für das Geflügel
- 4 Poulardenbrüste (je etwa 200 g)
- 200 g Frischkäse
- 20 g Rosmarin
- 20 g Thymian
- 20 g Estragon
- 20 g Majoran
- 3 Knoblauchzehen, fein gewürfelt
- Salz, Pfeffer

Für die Schalotten-Rotweinsauce
- 170 g Schalotten
- Butter
- 275 ml Rotwein
- 950 ml Grundsauce
- Salz, Pfeffer
- etwas Kartoffelstärke

1 Den Backofen auf 170 Grad vorheizen. In die Poulardenbrüste der Länge nach eine Tasche einschneiden.

2 Den Frischkäse mit den gehackten Kräutern, dem Knoblauch sowie Salz und Pfeffer würzen und in die Poulardenbrusttaschen füllen, diese danach zuklappen.

3 Die Poulardenbrust bei starker Hitze kurz anbraten. Danach für etwa 12–15 Minuten in den 170 Grad heißen Ofen stellen.

4 Für die Sauce die Schalotten schälen und in feine Würfel schneiden, mit Butter anschwitzen und mit dem Rotwein löschen.

5 Mit der Grundsauce auffüllen und mit Salz und Pfeffer abschmecken. Zuletzt mit etwas Kartoffelstärke binden.

6 Die angeschnittenen Poulardenbrüste mit etwas Sauce in einer Gratinschale anrichten und den Rest der Sauce separat reichen. Mit Kohlgemüse und Grießklößchen wird daraus ein Festmahl.

Von stolzen Poularden und armen Hühnchen

Ein wirklich gutes, schmackhaftes Huhn ist in Deutschland nicht in jedem Supermarkt zu finden. Schließlich soll es idealerweise ein glückliches gewesen sein, das dann zu Hause in der Bratröhre landet. Doch unter den rund 500 Millionen Masthühnern, die jedes Jahr in Deutschland gezüchtet werden, haben nur die wenigsten Grund zum Glücklichsein.

Hühner wollen laufen, scharren, im Sand und in der Sonne baden und ein Plätzchen, um sich zu verstecken und zu schlafen. Doch der Alltag von 95 Prozent der Masthähnchen sieht anders aus. Sie fristen mit 20 – 30 000 ihrer Artgenossen unter einem Stalldach ein trauriges Leben, wobei sich bis zu 25 Stück einen einzigen Quadratmeter teilen müssen. Gerade mal fünf Wochen dauert es, bis aus den kleinen Küken dank Turbomast Hähnchen oder Hühnchen mit einem Kilogramm Schlachtgewicht geworden sind. Immer mehr Verbraucher erfüllt diese Massenproduktion mit Unbehagen, weshalb viele auf Biofleisch umsteigen.

Den Masthähnchen aus Ökohaltung geht es bedeutend besser: Hier dürfen nur zehn Tiere auf einem Quadratmeter leben und nicht mehr als 4 800 im Stall. Außerdem haben sie einen großen Auslauf an der frischen Luft mit Bäumen, Sträuchern und kleinen Verstecken. Und man lässt ihnen Zeit zum Wachsen, nämlich sieben bis zehn Wochen. Das bedeutet natürlich viel mehr Aufwand, aber der lohnt sich: Bei Biogeflügel kann man das Hähnchenglück buchstäblich schmecken!

Auch Poularden gibt es aus Ökohaltung. Diese jungen Masthühner unterscheiden sich von den anderen durch ihr Alter und ihr Gewicht. Sie werden mit sieben bis zwölf Wochen, also noch vor ihrer Geschlechtsreife, geschlachtet und wiegen 1 200 – 2 500 Gramm, manchmal noch mehr. Alles, was weniger als 1 200 Gramm wiegt, kommt als Hähnchen in den Handel. Maispoularden sind schwere Hühner, die überwiegend mit Mais gefüttert werden.

Das Fleisch der Poularden ist hell und besonders zart und saftig und enthält ziemlich viel Fett. Wie schwärmte schon der französische Koch und Feinschmecker Grimod de la Reynière: „Das Fett ist der Stolz der Poularde, wie die Schwindsucht der Stolz des lyrischen Dichters ist." Gegrillt und mit einer knusprig braunen Haut entfaltet sie ihr herrliches Aroma am besten. Das Gegenstück zur weiblichen Poularde ist übrigens der männliche Kapaun, der aber viel weniger Fett auf den Rippen hat.

Gefesseltes Huhn

Vor dem Grillen oder Braten bindet man Geflügel gern mit Küchengarn zusammen. Der Koch nennt das bridieren (von französisch *brider*: „fesseln"). Dabei werden die abstehenden Flügel und Keulen an den Rumpf gebunden, sodass sich die Brust wölbt. Auf diese Art wird das Tier von allen Seiten gleichmäßig braun.

Der Mercedes unter den Hühnern

Das edelste Huhn überhaupt ist die Bresse-Poularde und kommt aus dem Land der Gourmets: Frankreich. Sie gilt zu Recht als der Mercedes unter dem Hausgeflügel. Dieses Federvieh darf zeit seines Lebens frei herumlaufen und wird nur mit hochwertigem Mais und Buchweizen gefüttert. Während die Bresse-Poularde in Frankreich im Supermarkt erstanden werden kann, muss man sich bei uns dafür schon zum Geflügelbauern oder Biometzger bemühen.

Marinierte Pute vom Grill

- 4 Stück Putenbrust (je 150 g)
- 2 unbehandelte Zitronen
- 2 Knoblauchzehen
- 2 Zweige frischer Rosmarin
- 4 EL Rotwein
- 4 EL Öl
- Lorbeerblätter
- Salz
- Pfeffer

1 Das Putenfleisch waschen und anschließend trocken tupfen.

2 Die Zitronen in Scheiben schneiden, die Knoblauchzehen halbieren.

3 Den Rosmarin waschen, die Nadeln von den Stielen zupfen und mit Wein, Öl, Knoblauch, Zitronenscheiben und Lorbeerblättern zu einer Marinade mischen.

4 Marinade und Fleisch in einen großen Gefrierbeutel geben. Den Beutel fest verschließen und die Pute darin 24 Stunden im Kühlschrank marinieren, ab und zu wenden.

5 Die Putenbrust herausnehmen und trocken tupfen, die Marinade aufbewahren.

6 Das Fleisch 15–20 Minuten grillen, dabei öfter wenden und mit der Marinade bestreichen. Mit Salz und Pfeffer würzen.

Ökologisch grillen – gewusst wie

Grillen an einem lauen Sommerabend: Was gibt es Schöneres? Grillen, ohne die Umwelt zu belasten! Das fängt schon mit der Auswahl der richtigen Lebensmittel an. Auch wer nicht auf ein saftiges Stück Fleisch verzichten will, kann mit gutem Gewissen brutzeln – mit Würstchen, Steaks und Koteletts aus dem Bioladen oder direkt vom Biolandwirt.

Das Hauptargument für Biofleisch aus der Region ist seine hervorragende Qualität. Auf Biohöfen werden die Tiere artgerecht gehalten und Antibiotika, Masthilfsmittel, Leistungsförderer, Knochenmehl und genmanipuliertes Importfutter sind dort tabu. Lange Transportwege zur Schlachtung entfallen. Dass es diesen Tieren viel besser geht als ihren Artgenossen in konventioneller Zucht, das schmeckt man einfach.

Saftiges Gemüse vom Rost

Vegetarier müssen nicht neidisch zuschauen, wie andere die köstlichsten Teile auf den Rost legen, während sie selbst bei Salat und Brot darben. Saftige Gemüsesorten mit festem Fleisch, wie Zwiebeln, Paprika, Fenchel, Kartoffeln, Maiskolben oder Champignons, machen pur oder gewürzt eine prima Figur auf dem Grill. Mal was anderes sind in Wirsingblätter eingepackte Pilze, gegrillte Bananen mit einer Kokosnuss-Mandelcreme oder mit Tofu und Zwiebeln bestückte Spieße. Der fleischlosen Fantasie sind keine Grenzen gesetzt. Und gesund ist gegrilltes Gemüse auch. Denn beim Grillen können gesundheitsschädliche Stoffe entstehen, zum Beispiel die als krebserregend geltenden Nitrosamine. Sie bilden sich hauptsächlich beim starken Erhitzen von gepökelten Fleisch- und Wurstwaren. Wer vegetarisch grillt, umgeht die Nitritquelle Pökelsalz. Noch bessere Karten hat natürlich, wer Biogemüse verwendet.

Ein ausgesprochen leckerer Ersatz für Grillfleisch ist gegrillter Käse. Sein Aroma wird durch Erhitzen noch intensiver. Klassisches Beispiel: Schweizer Raclette. Üblicherweise ist der etwas für kalte Wintertage und heißen Hüttenzauber. Doch wer will, kann sich ein großes Stück Greyerzer oder Appenzeller auf einen langen Stecken spießen und über der Glut zum Schmelzen bringen. Dazu passen Kartoffeln aus der Asche.

Beim Grillvergnügen an die Umwelt denken

Plastikgeschirr belastet die Umwelt. Deshalb nimmt man entweder Porzellanteller – oder ein ökologisch einwandfreies Ess-Set. Es ist aus zu 100 Prozent nach-

wachsenden Stoffen hergestellt und besteht aus Tablett, Teller und Besteck. Nach dem Grillvergnügen wird es ganz bequem im Altpapier entsorgt. Und mit etwas Fantasie findet sich auch Ersatz für Grillschalen aus Alufolie: dünne Steinplatten aus Speckstein, ein altes Backblech, ein Dachziegel …

Für Holzkohle, die schädlichen Ruß erzeugt, kann Kokoskohle in die Bresche springen, die zu 100 Prozent aus nachwachsenden Rohstoffen (Kokosnussschalen) hergestellt wird. Wer normale Holzkohle kauft, sollte auf das FSC-Siegel achten. Es garantiert, dass für die Produktion keine Wälder vernichtet wurden. Und statt mit chemischem Brandbeschleuniger sollte man das Grillfeuer mit einem Kaminanzünder entfachen.

Gänsebraten auf pommersche Art

Ein Rezept von:
Achim Oldenburg
Restaurant 1900
Aurelia Hotel & Villen GmbH
Grenzstraße 1
17424 Seebad Heringsdorf
Telefon 038378 47760
E-Mail info@aureliahotel.de

- 1 junge Gans (etwa 3 kg)
- Salz
- 6 säuerliche Äpfel
- 3 EL geriebenes Schwarzbrot
- 3 EL Rosinen
- etwa 200 g Backpflaumen
- 2 EL Zucker
- etwas Calvados
- etwas Tannenhonig
- etwas Rotwein
- etwas Orangensaft

1 Das Flomenfett aus der Bauchhöhle entfernen und die Gans von innen und außen waschen, abtrocknen und mit Salz einreiben.

2 Die Äpfel schälen, achteln und das Kernhaus entfernen. Mit Schwarzbrot, Rosinen, Backpflaumen, etwas Salz und Zucker, einem Schuss Calvados und Tannenhonig vermischen.

3 Die Gans mit der Mischung füllen, dann die Bauchhöhle mit Holzspießen verschließen. Die Keulen mit Küchengarn am Körper festbinden.

4 Den Backofen auf 200 Grad vorheizen. In einen Gänsebräter eine Tasse Wasser geben. Die Gans mit der Brust nach unten hineinlegen. Nach einer halben Stunde die Temperatur auf 180 Grad reduzieren. Die Gans wiederholt mit Brühe oder Salzwasser begießen. An der Seite öfter mit der Fleischgabel ins Fleisch stechen.

5 Wenn die Rückseite braun geworden ist, die Gans umdrehen. Zum Schluss mit Honig und Salzwasser bestreichen; das gibt eine besonders schöne Bräune. Die Garzeit beträgt etwa vier Stunden. Wenn sich der Flügelknochen leicht entfernen lässt, ist der Braten fertig. Die Gans halbieren, in Brust und Keule portionieren und warm stellen.

6 Für die Sauce den Gänsefond entfetten und zusammen mit der Füllung durch das Sieb passieren. So lange mit dem Schneebesen rühren, bis nur noch die Apfelschalen und andere feste Bestandteile im Sieb sind.

7 Die Sauce noch einmal aufkochen und mit Rotwein und Orangensaft aromatisieren. Sparsam verwenden, um den typischen Gänsegeschmack zu erhalten. Dazu serviert man Rotkraut und Klöße.

Unschuldiges Weiß oder leckeres Knusperbraun – die Gans kann alles tragen

Was steht der Gans nun besser: das leuchtend weiße Federkleid, das sich im Sommer so dekorativ vom Grün der Wiese abhebt, oder das knusprige Braun, in das sie sich ab dem 11. November kleidet? Für Gourmets – sofern sie nicht gerade Vegetarier sind – ein klarer Fall.

In puncto Wintermode ist die Gans absolut trendsicher: Sie trägt geschmackvolles Braun vom Martinstag bis zu ihrem großen Auftritt an Weihnachten, wenn die Festtafel ihr Laufsteg und der Kerzenschein ihr Scheinwerferlicht ist und sich die kleine weiße Manschette am Bein adrett in der polierten Silberplatte spiegelt. Dann ist ihr der Applaus der hungrigen Gäste sicher und nicht nur die männlichen werfen ihr begehrliche Blicke zu.

Der biologische Name unseres Topmodels ist *Anser anser* und sie stammt aus der weitverzweigten Familie der Entenvögel. Sie ist Zeit ihres Lebens monogam, also treu – und hebt sich damit sittsam von ihren Kolleginnen auf dem Laufsteg ab.

Von pommerschen Mägen ...

Nicht immer ist das Gefieder der Hausgänse strahlend weiß. Pommerngänse zum Beispiel können auch schon mal grau oder gescheckt daherwatscheln. Die Pommerngans wird seit Jahrhunderten gezüchtet, nicht nur in Pommern, sondern auch im nahen Polen. Superschlank ist sie nicht gerade, sie setzt im Gegenteil am Bauch reichlich Fettpolster an, was sie für ihre Liebhaber noch anziehender macht. Nicht umsonst heißt es im Nordosten Deutschlands, wo man Wert auf eine ordentliche Portion legt und die Gans nicht groß genug sein kann: „Ein pommerscher Magen kann alles vertragen".

So gesehen ist es aber doch ganz gut, dass die Gans nicht alle Tage auf den Tisch kommt. Denn mit 30 Prozent hat sie den höchsten Fettanteil von allen Geflügelarten, und eine Portion von 200 Gramm liefert gut und gerne 800 Kilokalorien. Gesundheitsbewusste Genießer legen das Tier deshalb auf den Bratrost, stechen die Haut während des Bratens an mehreren Stellen ein und lassen das Fett in eine Fettpfanne tropfen. Gänsefleisch enthält neben viel Fett auch sehr viel Eisen, Magnesium, Kalium, Zink und Kupfer.

... und heiligen Gänsen

Nicht als Festtagsbraten endeten im alten Rom die Gänse auf dem Kapitol, die der Göttin Juno geweiht und damit heilig waren. Dafür, dass ihr Leben verschont wurde, bedankten sie sich, indem sie anderen das Leben retteten. Im Jahr 387 vor Christus nämlich drangen die Gallier in Rom ein und plünderten die Stadt. Eines Nachts stiegen sie zum Kapitol hinauf, wo sich viele Römer in Sicherheit gebracht hatten. Doch der Legende nach erhoben die heiligen Gänse ein aufgeregtes Geschnatter, die Belagerten erwachten und schlugen die Eindringlinge in die Flucht.

Frikadellen mit Möhren-Kohlrabi-Gemüse

Für 4 – 6 Personen

Für die Frikadellen

- 1 altbackenes Brötchen
- 1 Zwiebel
- 1 kg gemischtes Hackfleisch
- 1 Ei
- 1 TL Senf
- 1 TL mildes Paprikapulver
- Paniermehl nach Bedarf
- Salz
- Pfeffer
- Zucker
- Öl, Margarine oder geklärte Butter zum Braten

Für die Beilage

- 2 Kohlrabi
- 2 – 3 Möhren
- Salz
- Zucker
- heller Saucenbinder
- Butter
- 2 EL gehackte glatte Petersilie

Ein Rezept von:

Tanja Luckow
Wolkenweher Dorfstraße 34
23843 Bad Oldesloe

1. Das Brötchen in lauwarmem Wasser einweichen.

2. Die Zwiebel schälen und in sehr kleine Würfel schneiden oder reiben.

3. Das Hack in eine Schüssel geben und mit einer Gabel grob auseinanderdrücken.

4. Das Wasser aus dem Brötchen drücken und mit dem aufgeschlagenen Ei, Senf und Paprikapulver zum Hack geben.

5. Alles mit den Händen gründlich verkneten, bis aus allen Zutaten ein geschmeidiger Teig entstanden ist. Wenn die Masse noch zu flüssig ist, mit etwas Paniermehl binden. Den Fleischteig kräftig mit Salz und Pfeffer sowie etwas Zucker würzen.

6. Die Hände befeuchten und aus der Hackmasse kleine Bällchen oder Fladen formen. Bratfett in einer beschichteten Pfanne erhitzen und die Frikadellen bei starker Hitze anbraten. Nach zwei bis drei Minuten wenden und bei mittlerer Hitze fünf bis acht Minuten weiterbraten. Zwischendurch noch einmal wenden.

7. Kohlrabi und Möhren putzen und in mundgerechte Stücke oder Streifen schneiden. Das Gemüse in einen Topf geben und knapp mit Wasser bedecken. Mit Salz und Zucker würzen und alles etwa fünf Minuten kochen.

8. Das Kochwasser zum Schluss mit Saucenbinder eindicken, etwas Butter und die Petersilie hinzufügen. Die Frikadellen mit dem Gemüse servieren. Dazu passen frisch gekochte Salzkartoffeln.

Frikadellen:
Diese Kugeln gibt sich jeder gern

Die kleinen braunen Hackfleischklöße sind der Partyrenner schlechthin, und das schon seit Jahrzehnten. Sie sind schnell gemacht und noch schneller verputzt – vielleicht weil sie so lecker-würzig schmecken? Oder weil sie als Häppchen, die blitzschnell von der Hand in den Mund wandern, das ideale Fingerfood sind?

Möglicherweise aber auch, weil Frikadellen Erinnerungen an die Kindheit wecken, als es auf Klassenfahrt noch Mettbällchen oder Frikadellen nach Familienrezept im Rucksack gab. Damals begann auch keine Urlaubsreise ohne 40 Klöpschen in der Plastik-Vorratsdose. Kaum war man auf der Autobahn, ging es schon der ersten Portion an den Kragen, denn dem verführerischen Duft der Frikadellen konnte man einfach nicht widerstehen. Und daran hat sich bis heute nichts geändert.

Von französischen Kanonenkugeln und echten Hamburgern

Ein traditionelles Frikadellenrezept hält wohl jede deutsche Familie in Ehren. In Bayern knetet man aus Hackfleisch Fleischpflanzerl und in Schwaben Fleischküchle. Im Nordosten kommen dabei Buletten heraus. Denn nach Brandenburg-Preußen flüchteten sich Ende des 17. Jahrhunderts 20 000 französische Hugenotten, die wegen ihres Glaubens ihre Heimat verlassen mussten. Sozusagen im Gepäck hatten sie die Buletten: Fleischklopse, die nach dem französischen Wort für Kanonenkugel benannt waren. Während die Berliner für ihre Fleischbulette gemischtes Hackfleisch verarbeiten, verwendet man in Hamburg reines Rinderhack – zwischen zwei Brötchenhälften gelegt und mit Ketchup und Salat oder Gurke versehen wird daraus der original Hamburger.

Ein bisschen Hygiene muss sein

Doch egal, was landauf, landab in die Klopse hineingemengt wird, eine Grundregel heißt es immer und überall zu beachten: Das Hackfleisch muss frisch sein und sollte idealerweise noch am gleichen Tag verwendet werden, weil es sehr schnell verdirbt. Denn durchgedrehtes rohes Fleisch hat eine stark vergrößerte Oberfläche, die Bakterien wie Salmonellen einen idealen Nährboden bietet.

Aber keine Panik – wer sich an die folgenden einfachen Tipps hält, kann seiner Frikadellenlust garantiert ohne Reue frönen:

- Nach dem Kauf schnell, am besten in einer Kühl- oder Gefriertasche, nach Hause transportieren.
- Möglichst bald verarbeiten. Nicht tagelang im Kühlschrank stehen lassen, schon gar nicht in der Plastikverschweißung, wo sich die Keime besonders wohlfühlen.
- Hackfleisch immer gut, mindestens zehn Minuten durchgaren.
- Nach der Zubereitung Hände und Küchengeräte gründlich mit Spülmittel reinigen.

Hat man dies alles beherzigt, kann man getrost den Startschuss geben: Nichts wie ran an die Buletten!

In Holunder mariniertes Filet vom Highland Cattle

- 1 Vanilleschote
- gutes Rapsöl für die Marinade
- mehrere Holunderblütendolden
- 4 Hochland-Rinderfilets
  à 180 g

1 Einige Tage vor der Zubereitung eine Vanilleschote in das Rapsöl einlegen. Das verleiht dem Fleisch später einen intensiven, duftigen Geschmack.

2 Die Blüten von den Holunderblütendolden abstreifen und zusammen mit dem Rapsöl in eine Schüssel geben.

3 Das Fleisch darin einlegen und für mindestens zwei Stunden, besser über Nacht, in der Marinade kalt stellen.

4 Die Filets in der Pfanne braten.

Holunder: Knallende Korken an lauen Sommerabenden

Anekdoten wie diese werden in vielen Familien gern wieder und wieder erzählt: Wie es im Hochsommer, als der Holunderblütensekt im Keller seiner Vollendung entgegenreifte, auf einmal einen großen Knall gab, weil der Korken dem Druck des gärenden Gebräus nicht standgehalten hatte. Eine ziemliche Sauerei, der eine groß angelegte Putzaktion folgte. Doch im Jahr darauf versuchte man es einfach wieder ...

Der schwarze Holunder, *Sambucus nigra,* ist wohl die bekannteste Holunderart. Als Strauch oder Baum säumt er Weg- und Waldesränder und nimmt mit anspruchslosem Boden vorlieb. Unauffällig und schlicht zeigt er sich in Herbst und Winter. Seine große Jahreszeit ist der Sommer, wenn ab Mai tausend kleine weiße Blütensterne dem holzigen Strauch ein zartes Kleid anziehen und mit ihrem lieblichen Duft Scharen von Insekten anlocken.

Frau Holles Lieblingsbaum

Der Holderbusch war der Lieblingsbaum der germanischen Göttin Holla – der Frau Holle aus dem Grimmschen Märchen. Wie Frau Holle war auch Holla menschenfreundlich, mild und wohltätig. Mit schützender Hand hielt sie schwere Krankheiten von den Menschen fern. Deshalb war der Holunderbaum in vorchristlicher Zeit heilig und durfte auf keinen Fall geschnitten oder gefällt werden.

Erkältungstee

Bei einer handfesten Erkältung bringt ein Tee aus 4 TL Holunderblüten und 4 TL Lindenblüten den Körper ins Schwitzen und stärkt die Abwehr. Man überbrüht die Blüten mit 1 l kochendem Wasser und lässt ihn 10 Minuten ziehen. Vor dem Schlafengehen warm trinken, gut zudecken – und tüchtig schwitzen!

Schwarze Beeren und schwarze Finger

Schon seit Jahrtausenden nutzt man die Blüten, Früchte, Blätter und Wurzeln als Medizin und die schwarzen Früchte obendrein zum Färben. Wer den Umgang mit den reifen Holunderbeeren nicht scheut, wird mit schmackhaften Säften, Konfitüren und Gelees belohnt. Holundersaft hilft nicht nur bei Erkältungen, man kann daraus auch alkoholfreien Glühwein bereiten. Einfach den Saft mit Zimt, Nelken, Honig oder Ursüße und pro Portion einer halben Tasse Orangensaft auf mindestens 80 Grad erhitzen und am besten mit Vanilleplätzchen servieren. Wenn man Holundersaft nur gut erhitzt, aber nicht kocht, genießt man außer einem echten Seelentröster auch noch einen hochkaratigen Vitamincocktail: Holunderbeeren enthalten mehr Vitamin C als Zitrusfrüchte und dazu noch die Vitamine A, B_1, B_2 und Folsäure. Aber Vorsicht: Roh sind sie giftig und können zu Erbrechen und Durchfall führen. Wer nur mit den Blüten würzen will, kann sie auch trocknen. Die Dolden vorsichtig einzeln vom Baum schneiden und mit dem Stiel nach oben auf ein Handtuch oder Papier legen. Im Sommer an einem trockenen Tag im Schatten oder gleich im Ofen bei etwa 40 Grad trocknen lassen.

Wenn man frische Beeren verarbeitet, sollte man nie vergessen, Handschuhe und eine Schürze zu tragen, denn Holunder macht tiefschwarze Flecken, die aus der Kleidung praktisch nicht mehr zu entfernen sind. Sie erinnern, wenn es die gute Bluse trifft, noch lange an einen wundervollen Sommer: mit zarten weißen Blüten und einem lauten Knall im Keller …

Heidschnuckenkeule
mit Wacholder-Honig-Senf-Kruste

- 8 Wacholderbeeren, fein gemahlen
- 150 g Senf
- 4 EL Honig
- 2 Knoblauchzehen, zerdrückt
- Majoran
- Salz
- Pfeffer
- Paprikapulver
- 1,5 – 2 kg Heidschnuckenkeule
- 1 EL Öl
- 2 Zwiebeln, gewürfelt
- 4 EL Tomatenmark
- 1 l Brühe
- 250 ml Rotwein
- 200 g saure Sahne

1 Die Wacholderbeeren mit Senf, Honig, Knoblauch, Majoran, Salz, Pfeffer und Paprikapulver in eine Schüssel geben und zu einer Streichmasse glatt rühren.

2 Die Heidschnuckenkeule gut damit einstreichen und in einem Bräter mit dem Öl von allen Seiten scharf anbraten.

3 Nach dem Anbraten die Keule herausnehmen und die gewürfelten Zwiebeln und das Tomatenmark in den Bräter geben. Kurz anbraten und dann mit Brühe und Rotwein ablöschen.

4 Die Keule wieder in den Bräter geben und bei 200 Grad eineinhalb bis zwei Stunden im Ofen schmoren.

5 Wenn die Keule gar ist, den Sud durch ein Sieb in eine Pfanne passieren und mit der sauren Sahne glatt rühren.

Heidschnucken: Die Landschaftspfleger der Lüneburger Heide

Die typischen Tiere der Lüneburger Heide sind der Wortbedeutung nach Naschkatzen. Denn „Schnucke" kommt von „schnökern" und das bedeutet „naschen". Heidschnucken naschen für ihr Leben gern Heidekraut. Dabei sind die Naschkatzen gar keine Katzen, sondern, wie jeder weiß, eine klein gewachsene Schafart.

Die Schafe, die zum großen Teil der Rasse der Grauen Gehörnten Heidschnucke angehören, sind ein Wahrzeichen der Lüneburger Heide. Weideten hier um das Jahr 1860 noch über 750 000 Schnucken, gibt es heute im Raum der Lüneburger Heide noch 19 Herden. Im Naturschutzpark Lüneburger Heide grasen sechs Heidschnuckenherden, die jeweils aus rund 350 bis 450 weiblichen Tieren sowie den Lämmern und einigen Zuchtböcken bestehen. Morgens treiben die Schäfer sie auf die Heideflächen, wo sie sie dann den Tag über mit ihren Hütehunden hüten. Die Nacht verbringen die Schnucken im Schutz des Stalles.

Geben und nehmen

Heide und Schnucke leben in einem wechselseitigen Geben und Nehmen. Die eine kann ohne die andere nicht existieren. Die ausdauernden und genügsamen Schafe fressen nicht nur die Besen- und Glockenheide, die durch diesen Verbiss umso kräftiger nachwächst, sondern knabbern auch die jungen Triebe von Bäumen ab. Könnten diese ungehindert wachsen, würden die Bäume schließlich die Heidepflanzen beschatten und zurückdrängen. Und dann hätten auch die Schnucken nichts mehr zum Naschen. Man darf die Heidschnucken also mit Fug und Recht als die Heger und Pfleger und die Erhalter dieser einzigartigen Heide- und Wacholderlandschaft bezeichnen.

Dabei sind Heidschnucken ursprünglich gar keine Norddeutschen, denn ihre Vorfahren weideten in den Bergen Sardiniens und Korsikas. Wegen ihrer harten Wolle werden die Heidschnucken schon lange nicht mehr gehalten, denn mit der Konkurrenz billiger Importwolle aus Übersee konnten sie ab dem 19. Jahrhundert nicht mehr mithalten. Heute werden sie fast ausschließlich wegen ihres gesunden Fleischs gehalten. Die Lüneburger Heidschnucke ist in Europa bereits unter diesem Namen geschützt und darf, genau wie Champagner oder Camembert, das Siegel einer geschützten Ursprungsbezeichnung tragen.

Ein schnuckeliger Rasenmäher

Heidschnuckenfleisch hat den typischen Geschmack von Wildfleisch, und weil es sehr fettarm ist, kann man es auch dann mit gutem Gewissen genießen, wenn man auf Diät ist. Das Fleisch gibt es von September bis November frisch vom Erzeuger, die übrigen Monate ist es tiefgefroren erhältlich. Und wer nicht nur am Fleisch, sondern an den lebenden Tieren Gefallen hat, kann sich ja ein paar Exemplare in den heimischen Garten holen – als äußerst genügsame und umweltfreundliche Rasenmäher. Für den Fall, dass die Nachbarn das für keine gute Idee halten, verbringt man vielleicht doch besser ein paar erholsame Tage in der Lüneburger Heide.

Lammkarree
mit Kräuter-Senfkruste

Ein Rezept von:

Oliver Kilbert
Roter Haubarg
Inhaber Karina und Jürgen Reck
Sand 5
25889 Witzwort
Telefon 04864 845
E-Mail k.reck@roterhaubarg.de

Für das Fleisch

- 2 Scheiben trockenes
  Toastbrot
- ½ Zehe Knoblauch
- je 1 TL Petersilie, Thymian,
  Currykraut, Pfefferminze,
  Salbei, Estragon, Kerbel,
  Borretsch, Rosmarin
- 1,2 kg Lammrücken,
  als Karree geschnitten
- Salz
- Pfeffer
- 50 g Dijon-Senf

Für die Sauce

- 50 g Karotten
- 50 g Zwiebeln
- 50 g Knollensellerie
- Sonnenblumenöl
- 200 ml Rotwein
- 20 g Tomatenmark
- 200 ml Lammfond
- 20 g kalte Butter

1 Für die Kräuter-Senfkruste des Karrees das Toastbrot reiben. Die Knoblauchzehe zerdrücken und mit den Kräutern und dem Toastbrot vermischen.

2 Das Lammfleisch salzen, dann scharf und nur sehr kurz von beiden Seiten anbraten. Erst danach mit Pfeffer würzen und das Fleisch mit dem Dijon-Senf gut einstreichen. Die Mischung schön fest auf das Fleisch drücken. Das Fleisch bei 185 Grad 15 Minuten im Ofen braten.

3 Für die Sauce das klein geschnittene Gemüse im Öl anbraten und mit dem Rotwein ablöschen. Tomatenmark und Lammfond einrühren und alles aufkochen lassen.

4 Die Sauce durch ein Sieb passieren, mit der Butter aufschlagen und in einer Sauciere zum Fleisch servieren.

Dazu reicht man Brokkoli und Lyoner Kartoffeln.

Senf: Von lieblich süß bis rattenscharf

In der deftigen Küche ist ein guter Braten erst richtig gelungen, wenn er vor dem Schmoren „seinen Senf abbekommen" hat. Der Senf gibt ihm eine würzige Kruste und bildet mit dem Bratensatz die Grundlage für eine schmackhafte Sauce.

Grundstoff des Speisesenfs ist immer das Samenkorn des weißen, schwarzen oder braunen Senfs (Brassica). Dabei gilt: Je dunkler der Samen, desto

schärfer der Senf. Während man in Süddeutschland eher milden, süßen Senf bevorzugt, liebt es der Norden deutlich schärfer. Das Senfregal im Supermarkt bietet eine Reihe verschiedener Sorten in fantasievoll gestalteten Gläschen. Zugreifen sollte der Senfliebhaber da, wo neben den gewöhnlichen Zutaten – gemahlenen Senfkörnern, Essig, Branntwein, Salz und Wasser – noch etwas Besonderes mit ins Glas gewandert ist. Denn erst damit wird der eher hausbackene Senf zur köstlichen Beilage. Der im Rezept verwendete Dijon-Senf zum Beispiel wird aus braunen Samen und mit Weißwein hergestellt und verleiht auch einer Vinaigrette eine aromatische Schärfe.

Ausnahmsweise erwünscht: seinen Senf dazugeben

Während das Glas Tafelsenf, angereichert mit Kräutern aus dem heimischen Beet, für eine klassische Marinade durchaus ausreicht, darf es zum Grillen schon mal eine Senfauswahl sein. Man kann Gäste etwa mit einer milden Mischung aus Senf, Honig und Orangensaft überraschen oder normalen Tafelsenf zur Abwechslung mal mit einem Glas Wodka würzen. So kann jeder „seinen Senf dazugeben". Die Redensart kommt übrigens aus Berlin und bedeutet, dass jemand immer einen überflüssigen Kommentar beisteuern muss. Ganz im Gegensatz dazu ist der echte Senf alles andere als überflüssig, denn er rundet so manches Gericht erst richtig ab.

Und wo bleibt der Kick?

Was den Senf ausmacht und manches Stück Grillfleisch geschmacklich vollendet, ist das ätherische Senföl. Die Senfpflanze hält sich damit Fraßschädlinge vom Leib, denn es riecht scharf und reizt die Haut. Diese Wirkung hat der Senf auch, wenn wir ihn essen. Ganz besonders gemein ist der extrascharfe Senf, der Mostrich, für dessen Extraportion Schärfe eine höhere Zugabe an brauner Senfsaat verantwortlich ist. Er brennt höllisch, wenn er in den Mund kommt, lässt die Nase laufen und die Augen tränen – ein Kick, den einige Leute sogar eigens suchen.

Die ganze Welt des Senfs kann man in der Senfmühle Oldenburg entdecken. Unter www.senfmuehle-oldenburg.de macht Senfmüller Grunwald Appetit auf seine außergewöhnlichen Würzpasten. Sein Friesen-Senf zum Beispiel schmeckt köstlich nach Meer und würziger Luft – kein Wunder, werden dafür doch auch Kapern und Sardellen verwendet. Und mit dem Teufel-Senf können Männer unter Beweis stellen, dass sie ganze Kerle sind.

Was Fressfeinde abhält, bekämpft auch beim Menschen wirkungsvoll Bakterien und Viren. Das Senföl macht Nase und Stirnhöhle frei und wird deshalb gern bei Erkältungen eingesetzt. Die Volksmedizin kennt den Senf übrigens schon seit der Antike, und heute noch sind Senfwickel etwa bei Bronchitis ein probates Mittel.

Gemüselasagne ohne Nudeln

Ein Rezept von:

Dieter Gerdes
Villa Gerdes
Kramerstraße 4
31542 Bad Nenndorf
Telefon 05723 946170

Als Beilage

- 1 gelbe Zucchini
- 1 grüne Zucchini
- 1 Aubergine
- 1 Rettich
- Gemüsebrühe
- 300 ml Tomatensauce
- 100 g Schafskäse, zerbröselt
- Basilikumblätter
- 4 EL gutes Olivenöl
- 8 schwarze Oliven ohne Stein

1 Das Gemüse der Länge nach in dünne Scheiben schneiden und in Gemüsebrühe leicht verkochen.

2 Das Gemüse erkalten lassen. Dann die einzelnen Gemüsescheiben zuerst mit kalter Tomatensauce, dann mit Schafskäse und Basilikumblättern belegen und zu einer Lasagne aufschichten.

3 Die Gemüselasagne im vorgeheizten Backofen bei 120 Grad in zehn Minuten wieder erwärmen.

4 Die restliche Tomatensauce mit Olivenöl und Oliven pürieren und als Sauce zur Lasagne reichen.

Die Gemüselasagne ist eine perfekte Beilage zu einem Hauptgericht wie Kalbs- oder Hühnerschnitzel oder, etwas ausgefallener, einer Wachtel-Saltimbocca.

Je schärfer, desto heilkräftiger: Rettich

Nicht nur in Bayern, wo er als „Radi" fast ein Nationalgericht ist, verspeist man Rettich mit Genuss. Das Rübengemüse kommt außen je nach Sorte weiß, rosa, violett oder schwarz daher, sein Innenleben dagegen ist stets hell und leicht bis ziemlich scharf.

Rettiche gehören zu den ältesten Kulturpflanzen der Erde und stammen ursprünglich aus Vorder-

asien. Ihr Familienstammbaum reicht bis weit in die Vergangenheit zurück. Bereits im Ägypten des 3. Jahrtausends vor Christus gab man den Sklaven, die die großen Pyramiden errichteten, die würzige Wurzel zu essen. Der Rettich machte sie stark für die harte Arbeit und schützte obendrein vor Infektionen. Bei uns ist er seit dem 13. Jahrhundert als Gemüse- und Heilpflanze beliebt. Die kräuterkundige Hildegard von Bingen etwa empfahl bei Husten einen Saft aus pulverisiertem Rettich, Honig und Wein. Und die Bisse giftiger Tiere behandelte man im Mittelalter mit Rettichschnaps.

Seine vielseitige Heilwirkung hat der Rettich dem hohen Gehalt an Senfölen zu verdanken, die gleichzeitig für die Schärfe verantwortlich sind und wie ein leichtes natürliches Antibiotikum wirken und vor Krebs schützen. Doch die Wurzel hat noch viel mehr zu bieten: Bitterstoffe, Vitamin C, Kalium, Eisen und Phosphor, um nur ein paar wertvolle Inhaltsstoffe zu nennen. Die Bitterstoffe regen den Appetit an und unterstützen die Gallen- und Lebertätigkeit, weshalb Rettich in der Naturheilkunde bei Gallen- und Verdauungsbeschwerden verordnet wird. Er wirkt außerdem schleimlösend, entzündungshemmend und reinigend. Menschen mit empfindlichem Magen sollten auf den Genuss von Rettich jedoch lieber verzichten, denn er kann Sodbrennen verursachen.

Salz finden Rettiche zum Weinen

Die meisten Leute bringen Rettich zum „Weinen", sprich: sie salzen ihn, um ihm die Schärfe zu nehmen und ihn zarter zu machen. Nur leider wird dadurch ein Großteil der gesunden Senföle zerstört und somit seine Heilwirkung. Wer ihn der Gesundheit zuliebe isst, sollte also besser in den sauren Apfel, pardon: scharfen Rettich beißen.

Die scharfe Wurzel hat immer Saison und kann auch ganzjährig im Garten kultiviert werden. Es gibt sie kugelrund und länglich spitz, klein wie ein Radieschen oder einen halben Meter lang und mehrere Kilogramm schwer. Frühjahrs- oder Sommerrettiche haben eine helle, weiße oder rote Schale. Winterrettiche sind, passend zur Jahreszeit,

dunkler, sogar schwarz; sie müssen vor dem Verzehr geschält werden. Beim Einkauf sollte man darauf achten, dass sich der Rettich prall und fest anfühlt und die Blätter frisch sind. Übrigens: Zarte, junge Blätter muss man nicht wegwerfen. Man kann sie wie Spinat zubereiten und Suppen damit eine frische Note verleihen.

Und wer sagt eigentlich, dass Rettich nur roh schmeckt? In Asien zum Beispiel wird er bevorzugt als Gemüse gegart oder geschmort. Dazu eignet sich besonders der weiße Daikon-Rettich, den es auch bei uns überall zu kaufen gibt.

Kieler Sauerkrautauflauf

- 300 g Kartoffeln, gekocht
- 3 Zwiebeln
- 3 Boskopäpfel
- 400 g Sauerkraut
- 750 g Seelachs
- 4 Eier
- 300 mg Crème fraîche
- 4 cl (2 Schnapsgläser) Kümmelschnaps
- Pfeffer
- Muskat
- 1 Bund Schnittlauch

1 Kartoffeln und Zwiebeln pellen und in feine Scheiben schneiden. Die Zwiebeln andünsten.

2 Die Äpfel schälen, in feine Streifen schneiden und mit dem Sauerkraut vermengen.

3 Den Fisch in Streifen schneiden. Eine feuerfeste Form gut fetten und schichtweise Kartoffeln, Sauerkraut, Zwiebeln und Fischstücke hineinlegen.

4 Eier, Crème fraîche und Kümmelschnaps verquirlen. Mit Pfeffer und Muskat würzen, den in feine Röllchen geschnittenen Schnittlauch dazugeben und über den Auflauf gießen. Im vorgeheizten Backofen bei 200 Grad rund 20 Minuten backen.

Sauerkraut: Deutscher geht nicht

Gibt es wohl ein „deutscheres" Gericht als Sauerkraut, das uns in Amerika den charmanten Spitznamen „Krauts" eingebracht hat? Zweifellos ist Sauerkraut das bekannteste deutsche Gericht, doch eingelegten Kohl gibt es auch in anderen Ländern.

Sauerkraut: Powerkraut

Sauerkraut strotzt nur so von Vitamin C. Als der britische Marinearzt James Lind im 18. Jahrhundert entdeckte, dass man mit Vitamin-C-haltigen Lebensmitteln wie Sauerkraut den Skorbut besiegen kann, mussten keine Seeleute mehr an der gefährlichen Vitaminmangel-Erkrankung sterben. Und fortan stach kein Schiff mehr ohne Sauerkrauttöpfe in See. Noch bis weit über die Mitte des letzten Jahrhunderts hinaus half der durch Milchsäuregärung konservierte Weißkohl dank seiner vielfältigen Nährstoffe und Vitamine über Zeiten hinweg, in denen kein frisches Obst und Gemüse erhältlich war, und der Gärtopf im Keller war ein gewohnter Anblick. So ging bekanntlich auch Wilhelm Buschs Witwe Bolte regelmäßig in den Keller, „dass sie von dem Sauerkohle eine Portion sich hole, wofür sie besonders schwärmt, wenn er wieder aufgewärmt." Heute steht Sauerkraut auch wieder hoch im Kurs: als Schlankmacher, denn 100 Gramm schlagen mit schlappen 17 Kilokalorien so überhaupt nicht zu Buche.

Ein Blick über den Tellerrand

Schon die alten Griechen und Römer stampften gehobelten Weißkohl ein und machten ihn mit Salz haltbar. Weil man heute qualitativ hochwertiges Sauerkraut im Supermarkt kaufen kann, machen sich hierzulande nur noch wenige Hausfrauen und -männer diese Mühe. Ganz anders in Korea, dessen scharfe Antwort auf Sauerkraut Kimchi heißt. Im Spätherbst stellen koreanische Frauen gewaltige Mengen Winterkimchi her, der in großen glasierten Tongefäßen gelagert wird.

Dafür werden gesalzene Chinakohlblätter zusammen mit weiteren klein geschnittenen Zutaten wie Frühlingszwiebeln, Rettich, Ingwer, scharfem rotem Paprika sowie Knoblauch eingelegt.

Im Elsass wird Sauerkraut – ein bisschen Luxus muss sein – in Champagner gegart. Auf der Route de la Choucroute, der Sauerkrautstraße

südlich von Straßburg, bekommt der Krautliebhaber aber auch deftige Sauerkrautgerichte mit Fleisch und Wurst serviert. Schweden, Russen, Polen, ja sogar Italiener essen Sauerkraut. In Salzburg lässt man sich Hoargneistnidei schmecken, kleine, deftige Sauerkrautküchlein, die an Kartoffelpuffer erinnern. Und in den USA gibt es an jeder zweiten Straßenecke Hotdog mit Sauerkraut und scharfem Senf. Da behaupte noch einer, Sauerkraut sei typisch deutsch!

Nicht zu vergessen: Eine gewisse durchschlagende Wirkung ist ebenfalls grenzenlos.

Topinambur-Gratin

- 600 g Topinambur
- 250 ml Milch
- etwas Muskat, gerieben
- 1 Prise Curry
- 1 Prise Paprikapulver, edelsüß
- etwas Salz
- etwas Pfeffer
- 1 EL Crème fraîche
- 2 EL Butter

1 Den Topinambur waschen, schälen und in 3–4 Millimeter dicke Scheiben schneiden.

2 Den Backofen auf 160 Grad vorheizen. Den Topinambur in einen Topf geben, mit der Milch begießen und das Ganze zum Kochen bringen.

3 Mit den Gewürzen abschmecken, dann vom Herd nehmen und die Crème fraîche einrühren.

4 Eine breite Auflaufform mit einem Esslöffel Butter einfetten und die Topinamburmasse einfüllen. Flach in der Form verteilen, dann die restliche Butter in Flöckchen aufsetzen.

5 Die Form in den vorgeheizten Backofen geben und das Gratin auf der mittleren Schiene etwa 30 Minuten garen.

6 Dann den Backofengrill anschalten und das Gratin weitere 5 Minuten goldbraun überbacken.

Man serviert das Topinambur-Gratin als Beilage zu kurz gebratenem Fleisch und reicht grünen Salat dazu.

Topinambur – ein Gemüse wie ein Trommelwirbel

Zugegeben, der Name fällt aus dem Rahmen. Topinambur – das klingt nach Marschmusik und Trommelwirbel und man denkt eher an einen feschen Tambourmajor als an eine sang- und klanglose Wurzel. Doch genau darum handelt es sich. Aber um eine, die es in sich hat!

Die knubbeligen Wurzeln, die man auch Erdbirne, Erdartischocke oder Jerusalemartischocke nennt, können, weil ihnen Frost nichts ausmacht, den ganzen Winter über in der Erde bleiben und erst bei Bedarf ausgegraben und frisch auf den Tisch gebracht werden. Das macht sie zu einem wirklich praktischen Gartengemüse. Die Sache hat nur einen Haken: Topinambur breitet sich rasend schnell aus, bildet lange Wurzelstränge und der Gärtner findet bald weit abseits der großen Mutterstaude neue Topinamburkolonien. Wer es sich jedoch platzmäßig erlauben kann, wird von September bis weit in den Spätherbst Freude an den leuchtend gelben Blüten haben, die zu Recht an Sonnenblumen erinnern: Topinambur ist eine Sonnenblumenart.

Ostalgische Wurzeln

Die angenehm süß schmeckende Knolle, die Anfang des 17. Jahrhunderts zuerst nach Frankreich und dann zu uns kam, wurde bereits im 18. Jahrhundert als Grundnahrungsmittel von der Kartoffel verdrängt. Lange Zeit fristete sie ein Schattendasein als Viehfutter und überlebte nach dem Zweiten Weltkrieg vor allem in den Schrebergärten der DDR. Damals gab es kein ostdeutsches Kochbuch, in dem sich nicht mindestens ein Topinamburrezept fand. Mit Zucker und Vanillezucker ließ sich aus den Knollen sogar Krokant zaubern.

Doch seit einigen Jahren bahnt sich das lange vergessene Gemüse wieder seinen Weg zurück in unsere Töpfe und gilt heute sogar als Delikatesse. Mit Recht! Denn was Großmutter in ihrer ländlichen Küche zu schätzen wusste, kann nichts anderes als gut sein. Die Wurzel liefert viel Kalium, Vitamin B_1 und Eisen, sie ist ausgesprochen fett- und kalorienarm und trotzdem sehr sättigend. Das liegt an dem Mehrfachzucker Inulin, der im Magen in Fruchtzucker aufgespalten wird und auch für Diabetiker verträglich ist. Sie schätzen ihn deshalb als probaten Kartoffelersatz. Außerdem unterstützt Topinambur Leber, Galle und Nieren bei der Arbeit.

Roh schmeckt Topinambur fast noch besser als gegart. Und wenn man die Knolle nicht schält, sondern nur gut abbürstet, bleiben auch die wertvollen Inhaltsoffe komplett erhalten. Geraspelt oder gehobelt eignet sie sich prima als Salat, wobei ihr nussiges Aroma ganz besonders gut mit Feldsalat harmoniert (unbedingt Zitronensaft verwenden, damit das Gemüse nicht braun wird).

Die Franzosen haben Topinambur übrigens im Gegensatz zu den Deutschen nie von der Speisekarte gestrichen. In der kreativen Küche unserer Nachbarn wird das delikate Gemüse der besseren Bekömmlichkeit wegen oft mit Kümmel serviert. Die genussfreudigen Franzosen fanden darüber hinaus auch heraus, dass sich aus der Wurzel ein wohlschmeckender Schnaps brennen lässt.

Und um auf den exotischen Namen zurückzukommen: Topinambur hat noch einen weiteren Beinamen – Indianerwurzel. Die Knolle ist nämlich ziemlich sicher nach einem nordamerikanischen Indianerstamm, den Topinambas benannt, die mit der nahrhaften Wurzel im 17. Jahrhundert angeblich französische Auswanderer in Kanada vor dem Verhungern retteten. Wenn das keine Gastfreundschaft war!

Grünkohl mit Bauchspeck und Wurst

- 20 g Schweineschmalz
- 2 Zwiebeln
- 2,5 kg frischer Grünkohl ODER
  1 kg Grünkohl (aus der Dose)
- etwas Fleischbrühe
- Salz
- Pfeffer
- Senf
- 500 g geräucherter
  Bauchspeck
- 100 g Hafergrütze
- 5 Pinkelwürste
- 5 Kochwürste

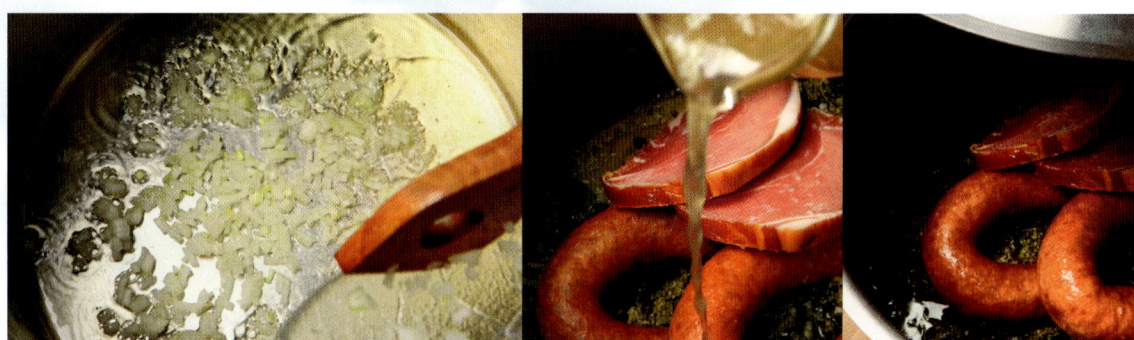

1 In einem großen Topf Schweineschmalz auslassen, die fein gehackten Zwiebeln darin glasig dünsten und den von den Rispen befreiten Grünkohl hinzufügen. Deckel auflegen und bei milder Hitze kochen, bis der Kohl zusammenfällt.

2 Dann mit etwas Brühe aufgießen und nach Geschmack würzen.

3 Den Bauchspeck auf den Kohl legen und alles im geschlossenen Topf bei mittlerer Hitze etwa eine Stunde köcheln lassen.

4 Die Hafergrütze einrühren, Pinkel und Kochwürste obenauf legen und weitere 30 Minuten garen. Dazu serviert man Salzkartoffeln.

Grünkohl – Soul Food mit Kultstatus

Darf nun Bremen oder Oldenburg den Grünkohl als seine ureigene Spezialität bezeichnen? Diese alte Streitfrage kommt dort jedes Jahr wieder auf den Tisch. Weil die Bremer seit 1545 ein öffentliches Grünkohlessen ausrichten, können sie zumindest auf die längere Tradition zurückblicken. Aber ganz im Vertrauen: Ursprünglich kommt das Winter- gemüse natürlich aus keiner der beiden Städte, sondern aus dem östlichen Mittelmeerraum.

Kohlfahrt mit Pinkel

Grünkohl hat in Norddeutschland Kultstatus, und der alte Brauch des Grünkohlessens wird in der Saison von November bis März vor allem im Oldenburger Land und Ostfriesland, aber auch in Bremen, Hamburg, Bremerhaven und im Braunschweiger Land gepflegt. Auf feucht- fröhlichen Kohlfahrten lässt man sich das deftige

Gemüse nach einer ausgedehnten Wanderung schmecken, und wer am meisten verdrückt hat, wird Kohlkönig – eine Ehre, die 1984 auch dem damaligen Bundeskanzler Helmut Kohl zuteil wurde. In Bremen und im Norden Niedersachsens kommt zum Grünkohl Pinkel auf den Teller. Für Nichtnorddeutsche: Das ist nichts Unappetitliches, sondern ganz einfach geräucherte Grützwurst.

Und dass die Bremer Grünkohl Braunkohl nennen, ist auch kein Grund zur Beunruhigung. Denn Grünkohl kann, je nach Züchtung, dunkelgrün bis violettbraun sein. In Bremen wurde früher eben eher die braunere Sorte angebaut. Heute ist die grüne jedoch weiter verbreitet.

Viele Leute schwören darauf, dass Grünkohl erst richtig gut, weil süßer schmeckt, wenn der erste Frost darübergegangen ist. Tatsächlich ist es nicht zwingenderweise der Frost, sondern Kälte, die dafür sorgt, dass sich die Stoffwechselvorgänge verlangsamen und der Kohl weniger von seinem Zucker verbraucht.

Grünkohl macht lahme Schweine munter

Grünkohl hat von allen Kohlarten den höchsten Eiweiß- und Kohlenhydratgehalt und ist laut WHO (Weltgesundheitsorganisation) das vitalstoffreichste Gemüse überhaupt. Kein Wunder, dass ihm heilende Kräfte zugesprochen werden. In Griechenland aß man Grünkohl gegen den Kater am nächsten Tag. Hippokrates empfahl Grünkohlbrühe gegen Husten und Heiserkeit. Und ein holländischer Arzt rettete mit dem Gemüse 1755 eine Frau, die eine Nadel verschluckt hatte. Er ließ sie so viel Grünkohl essen, bis sie ihn

mitsamt der Nadel wieder von sich gab. Die Ostfriesen schließlich waren früher fest davon überzeugt, dass man mit gestohlenem Grünkohl lahmende Schweine heilen könnte.

Der robuste Kohl ist nicht nur bei uns beliebt. In den Südstaaten der USA etwa kommt er als „Collard Green" auf den Tisch und ist fester Bestandteil des Soul Food, der traditionellen Küche der Afroamerikaner. In Äthiopien reicht man Grünkohl mit Hüttenkäse als Vorspeise, und in Sambia schwört man auf geschmorten Grünkohl mit Erdnussbutter. Man sieht also: Es muss nicht immer Pinkel sein.

Pflaumen
in gewürztem Rotwein

Ein Rezept von:

Elke Grimpe
gourmetrea – gute ernährung leben
Wattenbergstraße 28
21075 Hamburg
Telefon 040 85401409
E-Mail egrimpe@gourmetrea.de
www.gourmetrea.de

- 200 ml Rotwein
- 100 g Zucker
- 10 g Ingwer
- 4 Kardamomschoten
- 4 Nelken
- 2 Stücke Sternanis
- 400 g Pflaumen

1 Den Rotwein und den Zucker in einen Kochtopf geben. Ingwer schälen und in Stücke schneiden. Kardamomschoten öffnen, mit Ingwerstücken, Nelken und Sternanis in einen Teefilter geben und diesen in den Rotwein geben.

2 Den Rotwein zum Kochen bringen und etwas einkochen lassen. Die Pflaumen halbieren, entsteinen und in den Rotwein geben. Etwa zehn Minuten (tiefgefrorene 15 Minuten) köcheln lassen, dabei mehrmals wenden.

3 Kurz vor dem Servieren die Gewürze entfernen.

Dazu passen Vanilleeis, Vanilleflammeri, gebackener Quarkkuchen ohne Boden und Bayrische Creme.

„Nimm Pflaumen für des Alters morsche Last"

Um die verdauungsfördernde Wirkung der Pflaumen wusste schon der römische Dichter Marcus Valerius Martial. Vor fast 2000 Jahren empfahl er seinen Landsleuten: „Nimm Pflaumen für des Alters morsche Last, denn sie pflegen zu lösen den hartgespannten Bauch." Aber die saftigen Früchte können noch mehr.

Die ersten Pflaumen wuchsen wohl in Vorderasien, zwischen dem Kaspischen Meer und dem Kaukasus. Ihr Weg nach Mitteleuropa lässt sich nicht mehr ganz nachvollziehen. Vielleicht brachte Alexander der Große sie im 4. Jahrhundert v. Chr. von seinen Feldzügen nach Griechenland mit und von dort gelangten sie nach Rom und über die Römer auch in unsere Breiten. Karl der Große schließlich sorgte per Verordnung dafür, dass Pflaumen und Zwetschen in seinem gewaltigen Reich systematisch angebaut wurden. Heute wird die Steinfrucht in fast allen gemäßigten Klimazonen der Erde kultiviert und es gibt mehr als 2 000 Sorten, wozu unter anderem auch Mirabellen und Renekloden zählen.

Pflaumen sind ideale Durstlöscher, weil sie viel Wasser und wenig Zucker enthalten. Darüber hinaus wirken sie harntreibend und entzündungshemmend und fördern wegen ihres hohen Ballaststoffgehalts die Verdauung. Diese Wirkung verstärkt sich noch, wenn man das Obst in Form von Trockenfrüchten oder als Saft zu sich nimmt. Ein Glas Pflaumensaft am Abend vertreibt garantiert am nächsten Morgen „des Alters morsche Last"! Außerdem enthält die Schale reichlich Anthocyane, die für die blauviolette Farbe verantwortlich sind und als Antioxidanzien vor Herzinfarkt und Krebs schützen.

Tipp

Wer für das Rezept auf S. 106/107 keinen Rotwein verwenden möchte, kann stattdessen roten Traubensaft oder Apfelsaft einsetzen. Die Gewürze können nach Geschmack variiert werden. Auf den Zucker kann dann verzichtet werden, da der Fruchtzucker des Safts für ausreichende Süße sorgt.

Beim Einkauf ist darauf zu achten, dass die Früchte schön prall und nicht überreif sind. Aber auch nicht unreif, denn Früchte mit grünlichem Schimmer reifen nicht nach. Die rohe Frucht hält sich im Kühlschrank höchstens 3 – 4 Tage. Pflaumen sind die perfekten Begleiter zu vielen Süß- oder Mehlspeisen, aber auch zu herzhaften Gerichten. Doch Hand aufs Herz: Für die meisten von uns ist und bleibt wohl der Pflaumenkuchen, frisch und duftend aus dem Backofen und mit einem ordentlichen Klacks Sahne oben drauf, die Nummer eins auf der sommerlichen Hitliste!

Den Duft des Sommers bewahren

Entsteinte, halbierte Früchte kann man, mit Zucker bestreut, sehr gut und äußerst vitaminschonend einfrieren. Pflaumen und Zwetschen lassen sich aber auch gern und willig einmachen, weil sie mit ihrem hohen natürlichen Pektingehalt besonders gut gelieren. Der Gelierzucker konserviert Konfitüre, Mus, Gelee und Kompott und verleiht ihnen Halt und Süße. Zimt und Weihnachtsgewürze wie Kardamom, Piment oder Ingwer harmonieren wunderbar damit. Wer es dagegen lieber würzig mag, wird an einem Pflaumenchutney mit Zwiebeln oder Tomaten Geschmack finden.

Mousse au Chocolat

Ein Rezept von:
Susanne L. Born

- 2 Eier, getrennt
- 40 g Zucker
- 200 g Zartbitter-
  schokolade
- 1 Tasse Espresso
- 200 g Schlagsahne

1 Die Eigelbe mit dem Zucker sehr cremig und hell schlagen.

2 Die Schokolade im Wasserbad (oder in der Mikrowelle) schmelzen.

3 Die Eigelbmasse unter die lauwarme Schokolade rühren und dann den Espresso unterrühren.

4 Die Sahne und die Eiweiße getrennt steif schlagen. Zuerst die Sahne, dann den Eischnee unter die Schokoladenmasse ziehen.

5 In kleine Steinguttöpfchen oder in eine Glasschüssel füllen und im Kühlschrank fest werden lassen.

Schokolade – vom Schweinetrunk zum himmlischen Genuss

Bei den Maya und Azteken war Kakao ein Zahlungsmittel und als Getränk nur dem Adel vorbehalten. Doch schon vor ihnen bauten die Olmeken bereits im ersten Jahrtausend vor Christus im mexikanischen Tiefland Kakaobäume an. Bei ihnen war Kakao eine Gabe für die Götter.

Die Azteken nannten die Kakaobohne *Xolatl*. Mit unserer Schokolade hatte ihr *Xocolatl* allerdings noch herzlich wenig zu tun: Es war ein dickes, bitteres, fettiges Getränk aus den kompletten, gemahlenen Kakaobohnen und kaltem Wasser – noch völlig ungesüßt, dafür aber kräftig aromatisiert mit Gewürzen wie Chilipulver, Zimt, Vanille oder Anis. Stämme, die den Azteken Tribut schuldeten, mussten ihn in Form von Kakaobohnen entrichten.

Über die spanischen Eroberer, bei denen er noch als Getränk für Schweine verpönt war, gelangte der Kakao schließlich nach Europa. Dort kam man erst auf den Geschmack, als man ihn mit Rohrzucker versüßte. Vollends zum Modegetränk wurde Kakao im 19. Jahrhundert, als der Holländer van Houten eine hydraulische Presse erfand, die den Kakaobutteranteil der unbehandelten Schokolade von 53 auf 27–28 Prozent senkte. Die übrig gebliebene Kakaobutter vermischte man mit Kakaomasse und Zucker, und heraus kam eine geschmeidige Paste, die sich in Formen gießen ließ: Die Geburtsstunde unserer Tafelschokolade hatte geschlagen!

Schokolade gegen Liebeskummer

Schokolade schmeckt nicht nur himmlisch, sie enthält neben Mineralstoffen unter anderem auch Glückshormone wie Serotonin, die die Stimmung aufhellen und sogar bei Liebeskummer helfen sollen. Tatsächlich verschrieben schon die Maya Kakao gegen Angstzustände, Müdigkeit und Depressionen. Generell gilt: Je höher der Kakaoanteil, umso gesünder die Schokolade.

In den reinen Genuss mischt sich aber auch ein Wermutstropfen. Für die in den Industrieländern so beliebte Nascherei müssen in Westafrika Kinder auf den Kakaofeldern schuften. Auf den Kakaofarmen des wichtigsten Kakaoproduzenten weltweit, der Elfenbeinküste, arbeiten mehr als 600 000 Kinder unter schrecklichen Bedingungen. Eine Schule haben die meisten von ihnen noch nie

> **Schokoladenkunst in Hamburg**
> Im Speicherstadtmuseum in Hamburg erfährt man alles über Schokolade, von der Lagerung und Bemusterung des Rohkakaos bis zur Fertigung köstlicher Pralinen. Die Schokoladenkunst präsentieren Meister der „TOP 5", die zu den besten Konditoren Hamburgs gehören: vom Tauchen der Pralinen über das „Igeln" von Trüffeln bis hin zum Dekorieren mit Schokolade.
> Speicherstadtmuseum,
> St. Annenufer 2, 20457 Hamburg
> info@speicherstadtmuseum.de
> www.speicherstadtmuseum.de

besucht, geschweige denn selbst einmal das süße Produkt gekostet, die aus den Bohnen gemacht wird. Wer Schokolade ganz ohne schlechtes Gewissen genießen möchte, greift deshalb zu Tafeln mit dem TransFair-Siegel, die mittlerweile auch schon beim Discounter angeboten werden.

Crème Caramel

Für 8 Auflaufförmchen

- 1 EL Butter oder Margarine
- 100 g Zucker für die Karamellsauce
- 500 ml Vollmilch
- 4 Eier
- 60 g Zucker für die Crème

1 Den Backofen auf 150 Grad vorheizen. Für die Karamellsauce in einem Topf Butter oder Margarine zum Schmelzen bringen, 100 Gramm Zucker zufügen und bei mittlerer Hitze karamellisieren lassen.

2 Sobald der Karamell goldbraun ist, in die Förmchen verteilen, wobei der Boden ganz bedeckt werden sollte. Achtung: Zügig arbeiten, die Karamellmasse wird sehr schnell fest!

3 Für die Crème die Milch aufkochen, dann den Topf vom Herd nehmen.

4 Die Eier mit 60 Gramm Zucker in einem großen Becher cremig rühren und nach und nach die heiße Milch zufügen.

5 Die Crème in die Förmchen verteilen und etwa 20 Minuten im vorgeheizten Backofen bei 150 Grad stocken lassen. Aus dem Backofen nehmen, abkühlen lassen und für zwölf Stunden in den Kühlschrank stellen. Zum Servieren die Crème auf Dessertteller stürzen.

Die Milch macht's

Seit mehr als fünf Jahrtausenden ist Milch in aller Munde. Tontafeln bezeugen, dass schon die Sumerer Milchkühe hielten, ebenso wie Ägypter und Inder. Doch erst im 19. Jahrhundert fand der französische Chemiker Louis Pasteur einen Weg, das Getränk haltbar zu machen. Aber Halt: Eigentlich ist die Milch gar kein Getränk, sondern ein Lebensmittel, und ein ausgesprochen nahrhaftes noch dazu.

In kaum einem anderen Nahrungsmittel stecken so viele wertvolle Inhaltsstoffe wie in der Milch. Neben Eiweiß, Fett und Milchzucker (Laktose) liefert Milch Kalzium, Magnesium, B-Vitamine, Jod und Zink. Gerade Sportler schwören auf die Milch als Fitnessdrink, denn sie gibt Energie, baut Muskeln auf, festigt die Knochen und reguliert den Stoffwechsel.

Mittlerweile bietet der Handel Kuhmilch für die verschiedensten Bedürfnisse an. Neben diversen Verarbeitungsverfahren – Vorzugsmilch (nicht wärmebehandelte Rohmilch), pasteurisiert, hocherhitzt, ultrahocherhitzt (H-Milch) und sterilisiert – gibt es die Milch mit mehr oder weniger Fett, vom natürlichen Fettgehalt von mindestens 3,5 Prozent über fettarme Milch mit 1,5 Prozent bis hin zur absoluten Magermilch mit nur noch 0,2 Prozent.

Was tun bei Kuhmilchallergie und Laktoseintoleranz?

Dass Milch in der einen oder anderen Form auch in unzähligen verarbeiteten Lebensmitteln steckt – vom Kuchen über Schokolade bis hin zum Fleischsalat – weiß niemand besser als derjenige, der an einer Kuhmilchallergie oder Milchzuckerunverträglichkeit (Laktoseintoleranz) leidet. Doch es gibt Alternativen. Da relativ viele Personen den Milchzucker nicht vertragen und darauf mit Blähungen, Bauchkrämpfen und Durchfall reagieren, gibt es mittlerweile laktosefreie Kuhmilch, bei der ein zugesetztes Enzym den Milchzucker in seine einzelnen Bestandteile aufspaltet und für den Körper verfügbar macht. Kuhmilchallergiker können auf Schafsmilch ausweichen, die fast doppelt so fett ist, oder die fettärmere Ziegenmilch, die obendrein mehr Mineralstoffe und Spurenelemente enthält. Und wer gar nichts von Tieren will, steigt auf Sojamilch um.

Zum Mäuse melken!

Wer sagt eigentlich, dass man außer von Kühen, Schafen und Ziegen nicht auch die Milch von anderen Tieren trinken kann? Eselsmilch und Stutenmilch sind der menschlichen Muttermilch ziemlich ähnlich und fettarm, dafür aber auch recht teuer. Kein Wunder, dass aus ihnen hauptsächlich Kosmetik hergestellt wird – man denke nur an Kleopatra, die sich, je nach Überlieferung, in einem Bad aus Stuten- oder Eselsmilch aalte. Oder wie wäre es mit einem Glas Kamelmilch? Dazu muss man freilich nach Arabien reisen, wo sie abgefüllt im Supermarktregal steht – und im Tiefkühlfach daneben gibt es echtes Kamelmilcheis. Wem auch das noch nicht exotisch genug ist, der sei an Mäusemilch verwiesen. Die ist die teuerste Milch überhaupt – der Liter kostet, weil dafür nicht weniger als 4 000 Mäuse gemolken werden müssen, rund 23 000 Mäuse, pardon: Euro. Doch selbst Millionäre haben wenig Chancen, sie zu verkosten: Sie wird nur zu Forschungszwecken gewonnen.

Black Ristretto

Ein Rezept von:

Carlos Brack
Brack Öko-Gourmet-Kaffeerösterei
Reuter Straße 1A
18211 Admannshagen-Bargeshagen
Telefon 038203 775840
E-Mail brack-kaffeeroesterei@gmx.com
www. brack-kaffeeroesterei.com

Zutaten pro Tasse

- 8–8,5 g sehr fein gemahlenes Kaffeemehl aus etwas dunkel gerösteten Bohnen (für einen milderen Geschmack die Sorte 100 % Hochland-Arabica, für einen kräftigeren Geschmack eine Mischung aus 70 % Arabica und 30 % feinem Robusta)
- 10–15 ml Wasser

1 Das Kaffeemehl in den Siebträger einer Barista-Maschine geben. (Bei diesen Maschinen wird das heiße Wasser mit einem Druck von mindestens 9 bar durch das Kaffeepulver gepresst.)

2 Ein kleines, dickwandiges, durchsichtiges Glas darunterstellen (von der Größe eines Schnapsglases) und den Ristretto wie einen Espresso zubereiten.

3 Nachdem die dicke Essenz ins Glas getropft ist, nach Belieben zuckern oder pur genießen.

Weil man für Ristretto viel weniger Wasser nimmt als für einen Espresso, schmeckt er sehr intensiv und aromatisch. Man trinkt ihn nicht, sondern lutscht ihn langsam und genüsslich wie einen Kaffeebonbon. In dem durchsichtigen Glas kommen die helle Schaumschicht (Crema) und die dunkle Kaffeeschicht gut zur Geltung. Ristretto ist genau das Richtige für alle, die Espresso als zu mild empfinden.

Espresso – Wachmacher und Labsal für die Seele

Was haben Cappuccino, Latte Macchiato, Ristretto und Lungo gemein? All diese Kaffeespezialitäten sind Variationen des guten alten Espresso. Doch egal, wie man den Italiener am liebsten mag – wer sich Zeit für einen Espresso nimmt, nimmt sich Zeit für sich selbst und gönnt seiner Seele eine Auszeit.

Espresso besteht aus den gleichen Rohkaffeebohnen wie Filterkaffee. Meist handelt es sich um hochwertige, milde Arabica-Bohnen, die in unterschiedlichen Verhältnissen mit minderwertigen, scharfen Robusta-Bohnen gemischt werden. Während man in Italien das Aroma der Robusta-Bohnen durchaus schätzt, genießt man in unseren Breiten gern Espresso aus 100 % Hochland-Arabica, der wesentlich milder und bekömmlicher ist und feinere Aromen besitzt.

Im Unterschied zum Brühkaffee wird Espresso dunkler geröstet, einige Sorten sogar sehr dunkel. Während der Röstung steigt zunächst der Säuregehalt, fällt dann aber mit zunehmendem Röstgrad rapide ab; dann erst entstehen die Bitterstoffe. Da Espresso mit Druck zubereitet wird und dabei die Säuren in der Tasse dominieren, röstet man den Espresso eher etwas dunkler, damit mehr Bitterstoffe entstehen und die Säuren nicht so deutlich wahrgenommen werden.

Die Espressoformel: Garant für ein perfektes Ergebnis

Der perfekte Espresso hat eine rund 3 Millimeter dicke Crema von zarter, haselnussartiger Farbe mit leichter Marmorierung. Um dieses Ergebnis zu erzielen, wendet man die Espressoformel an:

Man nehme 6,5–7 Gramm Kaffee, mahle diesen mit einer Espressomühle so fein, dass die Extraktion mit der Espressomaschine bei 25 Milliliter Wasser etwa 25 Sekunden dauert. Das Kaffeemehl muss mit einem Tamper (Stempel) mit rund 15 Gramm Anpressdruck in den Siebträger gedrückt werden, der Druck der Maschine sollte zwischen 8 und 9 bar liegen und die Wassertemperatur zwischen 88 und 94 Grad.

Ein Espresso mit 25 Milliliter Wasser wird in Italien serviert. In Deutschland nimmt man in der Regel etwas mehr Wasser. So empfiehlt der deutsche Kaffeeverband für 7–8 Gramm Kaffeemehl 45–60 Milliliter Wasser.

Weihnachtstee

- 1 l frisch aufgebrühter schwarzer Tee, zum Beispiel Ceylon-Tee
- 4 EL Honig
- Saft von 2 Zitronen
- Saft von 2 Orangen
- 30 cl Orangenlikör
- 1 TL gemahlener Zimt
- 8 EL geschlagene Sahne

1 Den Schwarztee in einen Topf gießen und den Honig gründlich unterrühren.

2 Den Zitronen- und Orangensaft hinzufügen, umrühren, dann den Orangenlikör unterrühren.

3 Den Tee erhitzen und währenddessen den Zimt unterrühren. Der Tee darf aber nicht zu kochen beginnen!

4 In Tassen oder Teegläser gießen und mit der geschlagenen Sahne garnieren.

Aber bitte mit Kluntje!

**Die Ostfriesen gelten mit Fug und Recht als die Eng-
länder unter den deutschen Teetrinkern, denn so
viel Tee wie dort trinkt man nirgendwo sonst in
Deutschland. Teetrinken ist der Inbegriff ostfriesi-
scher Gemütlichkeit und ein Klönschnack mit Nachbarn oder Freunden ohne Tee schlicht undenkbar.
Ein paar Tässchen Tee passen immer – nach einem
Spaziergang an der stürmischen Küste oder nach
getaner Arbeit vor dem prasselnden Kaminfeuer.**

Wahrscheinlich kommt die Teepflanze ursprünglich
aus China, aber ganz sicher ist das nicht. Jedenfalls
wird Tee bereits um 2 700 vor Christus in einem
chinesischen Buch erwähnt. Aus China brachten
buddhistische Mönche um das Jahr 552 Teeblätter
mit nach Japan. Doch erst im 17. Jahrhundert
fanden die ersten Teekisten an Bord von holländischen Segelschiffen ihren Weg nach Europa
und gelangte das Getränk schließlich auch nach

Ostfriesland. Nur 100 Jahre später tranken die Ostfriesen bereits quer durch alle Schichten schwarzen Tee – was mit ein Grund dafür war, dass der bis dahin beträchtliche Bierkonsum deutlich nachließ. Dafür liegt der Teekonsum heute mit 2,5 bis 3 Kilogramm pro Kopf und Jahr etwa zehnmal höher als im Rest der Republik! Ob es Zufall ist, dass die meisten hundertjährigen Deutschen in Ostfriesland leben?

Gäste begrüßt man mit Tee

Im Jahr 1806 gründete Johann Bünting in Leer die Teehandelsfirma Bünting – sein einstiger Laden ist heute noch das Stammhaus der Bünting-Gruppe – und mischte den echten Ostfriesentee. Grundlage jeder Ostfriesenteemischung sind kräftig-aromatische Assamtees, zu denen sich Java-, Darjeeling- und Ceylontees gesellen können. Mit der Zeit bildete sich eine ganz eigene ostfriesische Teekultur heraus, die man zum Beispiel im Teemuseum der Stadt Norden erleben kann oder natürlich bei den Ostfriesen zu Hause. Denn Gästen wird traditionell Tee als Begrüßungsgetränk angeboten – ein im wahrsten Sinne des Wortes warmes Willkommen.

Teeritual mit Ostfriesenrecht

Wird das Teeritual stilecht durchgeführt, so steht die Teekanne auf einem kleinen Stövchen und der Tee wird aus speziellen, relativ kleinen Porzellantassen getrunken, die traditionell mit blauem Muster bemalt sind. Dabei darf die Tasse nur zu drei Viertel gefüllt werden. Gezuckert wird in Ostfriesland ausschließlich mit Kluntje, einem Stück Kandis. Nach dem alten Ritual kommt zuerst der Kluntje in die Tasse, dann gießt man den heißen Tee darüber und setzt zum

Schluss den abgeschöpften Rahm frischer Kuhmilch oder ersatzweise ungeschlagene Sahne mit einem kleinen Schöpflöffelchen kreisförmig obendrauf. Gelungen ist das Ostfriesenritual dann, wenn der Kluntje unter leisem Knistern zerspringt und der Rahm in Wölkchen („Wulkje") nach oben aufwallt. Umrühren ist verpönt – man schmeckt also zuerst die Milde der Sahne, dann die Herbheit des Tees und zuletzt die Süße des Kandis.

Aber wozu ist dann der Teelöffel da? Ganz einfach: Hat man genug Tee getrunken, legt man ihn in die Tasse, um dem Gastgeber zu bedeuten, dass man keinen Tee mehr möchte. Das sollte man aber erst nach mindestens drei Tassen tun, denn so viele müssen es nach der alten Sitte „Dree is Ostfreesenrecht" pro Teestündchen schon sein.

Wildkräutergelee

- 700 g Wildkräuter
  (je nach Saison etwa Brennnessel,
  Scharfgarbe, Spitzwegerich
  oder Sauerampfer)
- 750 ml l Weißwein
- 1 Zitrone
- 1 kg Gelierzucker

1 Die Kräuter fein zerschneiden (einzelne
Blätter zur Dekoration aufbewahren)
und in Weißwein einlegen. Zugedeckt
24 Stunden ziehen lassen.

2 Den Wein mit den Kräutern langsam
zum Siedepunkt bringen, fünf bis zehn
Minuten sieden, aber nicht aufkochen.

3 Den Kräuterwein erkalten lassen
und anschließend durch ein Sieb gießen.

4 Dem Wein den Saft einer Zitrone
und den Gelierzucker zufügen
und drei Minuten sprudelnd kochen.

5 In Marmeladengläser abfüllen
und je nach Geschmack einzelne
Kräuter zur Dekoration ins Glas geben.

Schafgarbe: Das Kraut des Achilles

Was legte sich der sagenhafte griechische Held Achilles auf seine Ferse, nachdem ihn vor Troja der vergiftete Pfeil des schönen Paris tödlich getroffen hatte? Richtig: Schafgarbenkraut. Die Staude mit den unzähligen weißen Blütchen sollte seine Schmerzen lindern.

Der Überlieferung nach kannte sich der tapfere Krieger der Trojanischen Sage mit Heilpflanzen aus. Der Zentaur Chiron soll den jungen Achilles in die Geheimnisse der Schafgarbe eingeweiht haben, und später stillte Achilles damit die Blutungen seiner verletzten Kameraden. Wenn das nicht Grund genug war, dem Kraut den wissenschaftlichen Namen *Achillea millefolium* zu geben! Aber es hat noch viele weitere klangvolle Bezeichnungen: Balsamgarbe, Blutkraut, Gotteshand, Frauenkraut, Bauchwehkraut, um nur ein paar zu nennen.

Schlaue Schafe und ein Liebesorakel

Diese Namen sind Programm: Der genügsame Korbblüter, der auf Wiesen, Weiden, am Wegesrand und auf Böschungen wächst, hat blutstillende Eigenschaften, wirkt gegen Magenerkrankungen, Blähungen und Darmkrämpfe, lindert Menstruationsschmerzen und Entzündungen. In der Kräuterheilkunde hat die Schafgarbe eine jahrtausendealte Tradition: Schon Jesus soll damit als Knabe eine blutende Fingerwunde geheilt haben, die sich sein Vater Josef bei der Arbeit zugezogen hatte. Bei Nasenbluten sollte man jedoch nur den frischen Saft benutzen, und nicht das Kraut selbst. Denn dieses kann genau das Gegenteil bewirken: Man hat nämlich beobachtet, dass Kinder, die sich Blätter in die Nase stecken, Nasenbluten bekommen. Deshalb heißt die Schafgarbe auf englisch „nosebleed". Dieses Nasenbluten war im mittelalterlichen England ein beliebtes Liebesorakel. Die Mädchen schoben sich ein Blättchen in die Nase, drehten sich dreimal um und sprachen: „Schafgarbe, Schafgarbe, ist mein Liebster mir gut, kommt weder Wasser noch Schaum, sondern rotes Blut".

Bei uns heißt die Schafgarbe übrigens deshalb Schafgarbe, weil Schafe sie mit besonderer Vorliebe fressen, wenn sie an einer Magen-Darm-Verstimmung leiden. Von wegen, Schafe seien dumm!

Achtung!

Manche Menschen reagieren auf Schafgarbe allergisch. Es kann wie auch bei anderen Korbblütern zu einem entzündlichen, juckenden Hautausschlag kommen, den man sinnigerweise auch Wiesendermatitis nennt. Auch Tee kann diese Wirkung haben, wenn man ihn regelmäßig trinkt.

Wir Zweibeiner dagegen sollten bei derartigen Problemen lieber einen Schafgarbentee trinken. Einfach einen Teelöffel in eine Tasse geben, mit kochendem Wasser übergießen und 15 Minuten ziehen lassen. Zwei bis drei Tassen am Tag bringen rasche Linderung. Und in der Küche kann man die jungen Blätter zum Beispiel mit anderen Wildkräutern in einen Wildgemüse-Eintopf oder in Suppen, Salate oder Kräuterquark geben. Die getrockneten Blätter und Blüten lassen sich als aromatisches Gewürz einsetzen.

Altländer Apfeltorte

Ein Rezept von:

Landfrauenverein Altes Land e.V.
Adelheid Rehder
Westerjork 45a
21635 Jork

Für den Belag
- 8 mittelgroße Äpfel
- 750 ml Apfelsaft
- 200 g Zucker
- 1 Päckchen Vanillezucker
- 2 Päckchen
  Vanille-Puddingpulver
- 1 Becher Sahne
- etwas Eierlikör
- Schokoraspel
- Apfelscheiben
  zum Verzieren

Für den Teig
- 250 g Mehl
- ½ Päckchen Backpulver
- 75 g Zucker
- 1 Ei
- 125 g Butter
- 1 Päckchen Vanillezucker

1 Aus den Teigzutaten einen Knetteig herstellen, diesen ausrollen und in eine Springform geben. Einen hohen Rand formen und den Teig etwa zehn Minuten bei 180–200 Grad vorbacken.

2 Alle Äpfel bis auf einen schälen und grob raspeln. Apfelsaft und Zucker erhitzen und mit Puddingpulver andicken.

3 Die geraspelten Äpfel unterheben und die Masse etwas abkühlen lassen. Anschließend auf den Teig geben.

4 Bei 180–200 Grad etwa 45 Minuten backen. In der Springform abkühlen lassen.

5 Den übrigen Apfel in Scheiben schneiden. Die Sahne locker auf dem Kuchen verstreichen und mit Eierlikör, Schokoraspel und Apfelscheiben verzieren.

Die Torte nach Möglichkeit am Vortag zubereiten, damit sie gut ausgekühlt ist.

Fruchtige Rotbäckchen aus dem Alten Land

Im Frühjahr verwandelt sich das Alte Land in ein Meer von blühenden Obstbäumen. Jeder dritte bis vierte Apfel, den die Deutschen verzehren, wird hier geerntet. Von saftigsüß bis herbsäuerlich, von fest bis mürbe, klein bis groß: Im Alten Land wachsen paradiesische Verlockungen für fast jeden Geschmack!

Das Alte Land liegt an der Elbe zwischen Hamburg und Cuxhaven und ist Deutschlands größtes zusammenhängendes Obstanbaugebiet.

Holländische Siedler haben die ehemalige Sumpflandschaft im 12. Jahrhundert eingedeicht, entwässert und so fruchtbar gemacht. Der erste urkundlich erwähnte Obsthof geht zurück auf das Jahr 1320. Und noch heute erinnern romantische Windmühlen, Zugbrücken und lang gezogene Hufen-Dörfer an die holländischen Vorfahren.

Alle Jahre wieder, etwa von Mitte April bis Ende Mai, lockt der prächtige Anblick blühender Obstbäume

Tausende von Besuchern ins Alte Land. Auf einer Fläche von etwa 10 000 Hektar Land wachsen ungefähr 16 Millionen Bäume. Pro Jahr werden hier rund 300 000 Tonnen Äpfel geerntet – das sind 1,5 Milliarden Früchte! Die größte Anbaufläche im Alten Land nehmen die Sorten Elstar und der dunkle Jonagold ein. Außerdem wachsen hier beliebte Sorten wie der helle Jonagold, Holsteiner Cox, Boskop, Braeburn und Gloster sowie Cox Orange, Ingrid Marie und Gala.

Großer Geschmack im milden Klima

Durch die Nähe zur Nordsee haben die Äpfel ein ausgeglichenes Zucker-Säure-Verhältnis und sind deshalb besonders süßfruchtig. Ihre intensive Farbausprägung mit dünner Schale verdanken die Früchte ebenfalls dem milden Seeklima. Ist es in der Zeit nach der Blüte warm, haben die Äpfel gute Chancen, den harten Eignungstest der europäischen Güteklassenverordnung zu bestehen: Ein so

genormter Apfel muss nämlich einen Durchmesser von 70–85 Millimetern haben, sollte über eine glatte, unbeschädigte Schale verfügen und natürlich – je nach Sorte – rot gefärbt sein. Selbstverständlich darf auch kein Wurm der süßen Verlockung erlegen sein!

Äpfel – das gesunde Lieblingsobst der Deutschen

Gut so, denn Äpfel sind echte Kraftpakete: Sie enthalten wenig Kalorien, aber dafür reichlich Vitamin C und B_6 sowie die Mineralstoffe Kalium und Eisen. Ballaststoffe, vor allem Pektin, machen die Frucht knackig und haben einen positiven Einfluss auf Blutzucker- und Cholesterinspiegel, beugen Darmerkrankungen vor und machen lange satt. Farb- und Aromastoffe – die sogenannten sekundären Pflanzenstoffe – wirken vorbeugend gegen Krebserkrankungen, schützen das Herz-Kreislauf-System und geben dem Apfel seine schöne rote Farbe. Na dann: Nichts wie reinbeißen!

Sanddorntrüffel

Ein Rezept von:

Klaus Passerschröer
Pralinenclub GmbH
Altrheder Kamp 31, 46414 Rhede im Münsterland
Telefon 02872 94811

- 300 g Sahne
- 50 g Butter
- 35 ml Sanddornsaft
- 600 g weiße Schokolade, gehackt
- 9,5 cl Sanddornlikör
- weiße Pralinenhohlkugeln
- 1 Tafel Orangenschokolade

1 Sahne, Butter und Sanddornsaft zusammen aufkochen, dann die gehackte weiße Schokolade unterrühren, bis eine homogene Masse entsteht.

2 Die Masse (Canache) abkühlen lassen und dann den Sanddornlikör unterrühren.

3 Die Masse mithilfe eines Spritzbeutels in die Pralinenhohlkugeln füllen und über Nacht stehen lassen.

4 Die Kugeln mit weißer Schokolade verschließen. Danach in temperierter Orangenschokolade rollen und bei 16–18 Grad eine Stunde auf Alufolie trocknen lassen.

Champagnertrüffel

- 150 g Sahne
- 30 g Butter
- 350 g weiße Kuvertüre
- 8 cl Marc de Champagne
- Pralinenhohlkugeln

Ein Rezept von:

Jens Olvermann
Restaurant „Zur Linde"
Hindenburgstr. 2, 29386 Hankensbüttel
Telefon 05832 468

1 Die Sahne aufkochen und die Butter darin auflösen. Dann die Kuvertüre zufügen und glatt rühren, zuletzt Marc de Champagne unterrühren.

2 Die Masse leicht abkühlen lassen, anschließend mithilfe eines Spritzbeutels in die Hohlkugeln füllen und mit Kuvertüre verschließen. Auf Alufolie trocknen lassen.

135

Piccolo, Methusalem und Balthasar – Sekt gibt's in allen Größen

Anlässe zum Anstoßen mit einem Gläschen Sekt bieten sich genug – und gibt es keinen, ist schnell ein Anlass geschaffen. Zum Glück hält die Sektindustrie für jeden Bedarf die richtige Flaschengröße bereit: vom Sektfrühstück mit der Freundin über die Familienfeier bis hin zur großen Sause mit

300 Partygästen. Wenn die Korken knallen, kommt die Feierlaune von ganz allein.

Frauen lieben es, gemeinsam zu frühstücken, und nach einem gut belegten Brötchen kann ein Schluck Sekt nicht schaden. Deshalb gehört das Piccolo mit seinen 200 Millilitern zu den beliebtesten Mitbring-seln fürs Damenfrühstück. Nicht dass es lange halten würde: Kaum mitgebracht, ist das Fläschchen geöffnet, dann heißt es „Prösterchen!" und im Hand-umdrehen und unter fröhlichem Gelächter ist das Glas geleert. Das Piccolo kommt übrigens ursprüng-lich aus der Apotheke: In ihm wurde um 1900 der „Medicinal-Sect" abgefüllt. Diesen verschrieben manche Chirurgen bis in die 1950er-Jahre hinein ihren Patienten, um die Genesung nach einer Operation zu befördern. Ganz so abwegig war das nicht mal, denn tatsächlich stecken im Sekt neben dem Alkohol auch wertvolle Enzyme, Mineralien und Spurenelemente.

Methusalem, Balthasar und Melchisedech haben mit dem kleinen Piccolofläschchen außer dem Inhalt so gar nichts gemein, denn hinter diesen biblischen Namen verbergen sich wahre Schwergewichte. Methusalem ist eine Sektflasche mit stattlichen sechs Litern, Balthasar bringt es auf satte 12 Liter und Melchisedech schließlich ist die größte Sekt-flasche, die überhaupt zu bekommen ist. Inhalt: unglaubliche 30 Liter! Auch in puncto Geschmack ist die Bandbreite beim Sekt groß: Von süß mit einem Zuckergehalt von mehr als 50 Gramm pro Liter bis naturherb mit weniger als 3 Gramm – hier kommt jede Zunge auf ihre Kosten. Doch ob süß, ob herb, ob groß, ob klein: Ein prickelndes Vergnügen ist stets garantiert.

Woher kommt das Prickeln?

Aber warum prickelt Sekt überhaupt? Sekt wird aus jungem Wein, dem sogenannten Grundwein, hergestellt. Diesem werden in einer zweiten Gärung Zucker und Reinzuchthefen zugesetzt, und im Gärungsprozess spaltet die Hefe den Zucker in Alkohol und prickelnde Kohlensäure auf. Diese zweite Gärung findet traditionell, wie beim

Champagner, in der Flasche statt. Und da gut Ding Weile haben will, dauert das beim teuersten aller Schaumweine zwischen neun Monaten und mehreren Jahren. Während dieser Zeit wird er vom Kellermeister aufwendig betreut. Doch die Mühe lohnt, und der Preis manchmal auch, denn hin und wieder muss es einfach Champagner sein.

So ist es in Weinanbaugebieten eine schöne Tradi-tion, dass das Neugeborene nicht nur in der Kirche über dem Taufbecken getauft wird, sondern auch noch einmal zu Hause – mit einem Tropfen edlen Champagners auf dem Köpfchen. Und mit dem Rest der Flasche wird fröhlich angestoßen.

Also, meine Damen, wann steht das nächste Früh-stück an? Noch kein Termin? Dann aber mal schnell die besten Freundinnen anrufen!

Erdbeerbowle

Ein Rezept von:

Dr. Gerhard Bosselmann
Die Landbäckerei GmbH
Kurt-Schumacher-Allee 16
30851 Langenhagen
E-Mail info@ bosselmann-landbaeckerei.de
www.bosselmann-landbaeckerei.de

- 1 kg Erdbeeren
- 300 ml Rum
- 50 – 100 ml Waldmeistersirup
- 1 Flasche Erbeersekt
- 1 Flasche trockenen Weißwein
- 1 Flasche Sekt

1 Erdbeeren waschen, vom Grün befreien und klein schneiden. In Rum und Waldmeistersirup einlegen und 24 Stunden gekühlt ziehen lassen.

2 Mit Erdbeersekt, Weißwein und Sekt aufgießen und nochmals ziehen lassen oder sofort genießen.

Miezen aus Sachsen erobern Deutschland

Mieze Schindler ist zwar mittlerweile 80 Jahre alt – jung geblieben ist sie trotzdem. Denn diese Erdbeere ist kleiner, zarter, süßer und aromatischer als andere Sorten. Gourmets bezeichnen sie als Praline unter den Erdbeeren.

Mieze Schindler wurde 1925 von Professor Otto Schindler in Dresden gezüchtet. Benannt hat sie der bekannteste Erdbeerzüchter der damaligen Zeit nach seiner Ehefrau – wenn das mal kein Kompliment ist! In Westdeutschland geriet die Sorte in Vergessenheit, in den Schrebergärten der DDR aber überlebte sie sehr zur Freude der Erdbeerliebhaber.

Bei all ihren herausragenden Eigenschaften ist Mieze Schindler allerdings auch ein Sensibelchen. Ihre Früchte sind derart weich, dass sie nur mit knapper Not den Transport vom Gartenbeet in die

Küche überleben. Ihre Wuchsform ermöglicht keinen Reihenanbau, vielmehr möchte sie sich als Teppich ausbreiten, was die Ernte der kleinen Früchte deutlich erschwert. Eine weitere Besonderheit: Sie bringt rein weibliche Blüten hervor und benötigt in ihrer unmittelbaren Nachbarschaft Bestäubersorten wie die Senga Sengana. Das macht sie völlig unbrauchbar für den konventionellen Anbau. Schade, denn kulinarisch gesehen gibt es keine bessere Erdbeere.

Auch sehr attraktiv: Miezes Tochter!

Und deswegen hat Mieze eine Tochter bekommen: Mieze Nova ist nicht nur größer und fester als ihre Mutter, sie ist auch länger haltbar. Außerdem überzeugt sie durch eine sehr attraktive, schön geformte Frucht in einem ansprechenden kräftigen Rot. Und noch einen Vorteil hat die Neuzüchtung: Sie blüht nach der Haupternte im Juni erneut und bildet noch einmal Früchte aus. So liefert sie bis in den späten Herbst hinein köstliche Früchte zum Naschen oder für den Eisbecher. Biogärtner und Gourmetköche schwören auf diese Erdbeersorte, die sich übrigens auch auf Balkonien gut macht: Sie gedeiht nämlich auch im Topf und bietet obendrein während der Blütezeit einen prächtigen Anblick. Wer Stecklinge der Delikatesserdbeere sucht, wird meist bei Internet-Versandhäusern fündig. Zunehmend wird Mieze Nova auch in speziellen Erdbeerplantagen angebaut.

Die gemeine Gartenerdbeere zählt mit nur 37 Kilokalorien pro 100 Gramm zu den kalorienärmsten Obstsorten – genau die richtige Frucht für alle, die auf ihre schlanke Linie achten. Sie enthält doppelt so viel Asparaginsäure wie Spargel – die regt den Stoffwechsel an und

unterstützt den Körper beim Entschlacken. Die Erdbeere besteht zu 90 Prozent aus Wasser und ist Spitzenreiter in puncto Vitaminen – sie enthält mehr Vitamin C als Zitrusfrüchte und liefert Folsäure, die vor Herz-Kreislauf-Erkrankungen schützt. Erdbeeren sind somit ein wahrer Jungbrunnen. Sie können sogar gegen Gicht helfen, den Blutdruck senken, den Darm mobilisieren, entwässern und vor schädlichen freien Radikalen schützen. Genießen kann sie dennoch nicht jeder, denn manche Menschen reagieren darauf allergisch. Erdbeeren sollten schonend behandelt und deshalb immer erst unmittelbar vor dem Genießen oder Zubereiten gewaschen werden.

Aromatische Alleskönner

Die süßen Früchtchen schmecken als Daiquiri (ein Cocktail), in einer Bowle, mit Eis oder pur, mit Zucker oder mit Schlagsahne. Als Marmelade sind sie bereits am Frühstückstisch ein Highlight. Ein besonders prickelndes Erlebnis bietet die rote Frucht, wenn sie in Champagner badet. Für diese exquisite Köstlichkeit sollte es dann aber schon die gute Mieze Schindler sein!

Register

»Entspannung pur!«

NDR (Hrsg.) / Sabine Steuernagel

Das Nordtour Wohlfühlbuch

**So einfach entspannen Sie
Körper und Geist**

144 Seiten, 116 Farbfotos, 15,5 x 21,0 cm, Softcover
ISBN 978-3-89993-708-4
€ 15,90

Einfach zurücklehnen und sich wohl fühlen – dieses Gefühl kennen die Zuschauerinnen der NDR *Nordtour*. Jeden Samstag führt die Sendung hinaus aus dem Alltagsstress, hinein in eine Oase der Entspannung.

Für »Das *Nordtour* Wohlfühlbuch« hat die Moderatorin und *Nordtour*-Chefin Sabine Steuernagel die besten Ratschläge aller Sendungen zusammengetragen. Ein tolles Buch und ein echter Geheimtipp für alle, die sich mal wieder rundum wohl fühlen möchten!

Aus dem Inhalt
- Viele Tipps für zu Hause:
  - Fitnessübungen
  - Entspannungstricks
  - Naturkosmetik
  - Kräuterkunde
  - Massagetechniken
  - Viele Wohlfühl-Rezepte
- Ausflugs- und Reiseziele
- Beautytipps von einer waschechten Fernseh-Maskenbildnerin

»Ein richtiges ›Wohlfühlbuch‹ mit Tipps und Vorschlägen für Körper, Geist und Seele. Yoga, Wandern, Fahrradtouren, Rezepte oder selbst gemachte Körperpflegeprodukte aus Kräutern – lauter gesunde Ideen rund ums Wohlbefinden, nicht ohne die passenden Ausflugstipps für die Sommermonate. […] Ein Buch zum Rundum-Wohlfühlen: auf 144 Seiten zum Nachlesen, zum Nachkochen und zum Entspannen für richtige Genießer.« *Neue Presse Hannover*

schlütersche ....

Stand August 2008. Änderungen vorbehalten.